도서정가제가 없어지면

우리가 읽고 싶은 책이 사라집니다

도서정가제가 없어지면
우리가 읽고 싶은 책이 사라집니다

초판 1쇄 인쇄 2020년 9월 25일
초판 1쇄 발행 2020년 10월 5일

발행인 김학원(한국출판인회의 회장)
지은이 백원근(책과사회연구소 대표)
편집인 홍영완(한국출판인회의 정책위원장)
책임편집 조세현
디자인 윤유정
제작·유통 다산북스
제작지원 길벗·다산북스
구입문의 070-7606-7401

한국출판인회의
등록 1990년 4월 10일(제16-1856호)　　**주소** 서울특별시 마포구 동교로22길 44
전화 02-3142-2333~6　　**팩스** 02-3142-2322　　**웹사이트** www.kopus.org www.editalk.org

ISBN 978-89-91691-30-8　　90010

도서정가제가 없어지면
우리가 읽고 싶은 책이 사라집니다

한국출판인회의 엮음
백원근(책과사회연구소 대표) 지음

한국출판인회의
Korea
Publishers
Society

책의 정가제는 왜 필요한가?
과연 공정한 제도인가?

1

우리나라의 대표적인 문학 출판사인 문학과지성사는 1978년 9월에 황동규 시집 『나는 바퀴를 보면 굴리고 싶어진다』를 출간하면서 '시인선'을 선보이기 시작했습니다. 2020년 9월에 발행한 이기성 시집 『동물의 자서전』이 546호이니 매년 평균 13종 이상의 시집을 42년간 발행했습니다. 시집을 사랑하는 독자들에게는 반갑고 고마운 일입니다. 그런데 한 가지 더 흥미로운 사실이 있습니다. 546종의 시집 모두가 정가 9000원이라는 사실입니다. 어떻게 42년 전에 초판이 출간된 시집과 올해 막 출간한 시집이, 널리 알려진 시인의 시집과 젊은 시인의 첫 시집이, 110쪽의 시집과 148쪽의 시집이 모두 정가 9000원에 팔리고 있는 걸까요?

바로 도서정가제 덕분입니다. 출판계와 서점계의 합의로 1977년 12월 1일, 우리나라에서 처음으로 도서정가제를 실시했습니다. 당시 '정찰제'라 부른 이 도서정가제의 실시로 가격 경쟁과 무분별한 할인이 사라지자 전국적으로 서점과 출판사가 늘어나고 발행종수도 꾸준히 증가했습니다. 출판사와 발행종수가 늘어난 만큼 창작과 저술도 늘어나 작가층과 저자층도 좀 더 다양해지고 두터워졌습니다. 그만큼 독자층도 넓어졌습니다.

출판사는 신간을 발행할 때마다 정가를 책정합니다. 이때, 정가는 출판사 대표 마음대로 정하는 것이 아닙니다. 모든 책은 1부가 팔릴 때마다 작가, 출판사, 제작사, 공급사, 서점이 정가의 일정 금액을 나눕니다. 분야와 장르마다 차이가 있지만 대개 작가 10%, 출판사 20%, 제작사 20%, 공급사 10%, 서점 30%의 기준으로 배분합니다. 정가 1만 원인 책이 1부 팔리면 작가에게 1000원, 출판사에 2000원, 제작사에 2000원, 공급사에 1000원, 서점에 3000원을 배분하는 방식입니다. 따라서 출판사는 신간을 선보일 때마다 이 비율에 근거해 제작비를 계산하고, 가격의 적절성에 대해 숙고한 후 정가를 책정합니다. 작가, 출판사, 제작사, 공급사, 서점은 책의 정가에 관한 한 "좀 더 많은 독자들이 사볼 수 있도록 가능한 한 최소한의 정가를 책정한다"는 기본 원칙에 대해 모두가 공감합니다. 그래서 문학과지성사에서 발간한 546종의 시집이 한결같이 9000원일 수 있는 것입니다. 도서정가제가 없어진다면 불가능한 일입니다.

전혀 그럴 일은 없겠지만 만일 도서정가제가 없어져 정가 책정의 주체도 방식도 시장의 논리에 맡긴다면 어떻게 될까요? 어떤 시인이 내 시는 30년 공들여 창작한 시들이니 2만 원 받아야 한다고 주장하거나, 어떤 서점 주인이 이 시집은 내가 아끼는 시집이니 1만5000원 받아야 한다고 가격을 매기거나, 어떤 독자가 15년 전에 출간한 시집이니 30% 할인해서 7000원이면 족하다고 주장한다면 일대 혼란이 생기고 서점은 그야말로 가격 흥정이 난무하는 할인점으로 전락할 것이 뻔합니다. 이런 환경이었다면 문학과지성사의 시인선 역시 42년 동안 꾸준하게 발행하기 어려웠을 것입니다.

2

2014년 11월 21일부터 시행된 개정 도서정가제가 정가의 10% 이내 할인과 마일리지 5%를 포함한 직간접 할인율을 총 15%로 제한한 지 6년이 다 되어갑니다. 지난 6년 동안 전국에서 500곳 이상의 동네 책방이 새롭게 탄생했습니다. 매일 오가는 동네 어귀에 책방이 생기면서 자연스레 책을 만나고 이야기를 나눌 수 있는 문화적 공간이 확장되었고, 여행길에 SNS를 통해 알려진 동네 책방을 방문하는 일도 잦아졌습니다. 전국에 이런 책방이 2019년 기준으로 2320곳이 있고 그중 독립서점으로 불리는 책방은 583곳입니다. 도서정가제의 실시로 과도한 할인 경쟁 속에서는 살아남을 수 없는 작은 서점들이 생존 가능하게 되었고, 출판의 핵심인 '다양성'이 보장되는 기본 여건이 마련되었습니다. 제주, 부산, 전주, 경주, 강원, 강화, 서울 등 전국 곳곳에 책방이 늘어나고 있는 광경은 힘겨운 코로나 시대의 희망입니다.

지난 6년 동안 개성 있는 출판사들도 늘어났습니다. 독자들이 가격 할인이 아니라 내용과 저자를 보고 책을 선택하니 큰 출판사와 작은 출판사, 구간과 신간을 따질 필요가 없어졌기 때문입니다. 구간보다 신간을 선택하는 확률이 높아지면서 젊은 작가층도 늘었습니다. 기성 시인, 소설가, 저자만이 아니라 SNS 미디어를 통해 활동하는 젊은 사진가, 일러스트레이터, 에세이스트들이 책의 세계로 등단하는 사례들이 급증했고 첫 책이 베스트셀러에 오르는 사례도 늘어나고 있습니다. 지난 6년 동안 책의 생태계에 할인 문화가 아니라 정가 문화가 자리 잡으면서 다양성과 역동성이 동시에 살아나고 있는 풍경은 참으로 놀랍고 반가운 일입니다.

도서정가제로 조금씩 다시 살아난 작가, 출판사, 서점, 독자들의 생태계는 이제야말로 우리가 보호하고 가꾸어 더욱 활짝 꽃피우도록 노력해야 할 문화 생태계 중 하나입니다. 지금의 도서정가제는 '가격할인제한제'입니다. 가격할인제한제를 도서정가제로 정착시켜 가야 합니다. 도서정가제는 작가, 출판사, 서점, 독자가 책의 건강한 생태계를 함께 만들어가려는 아름다운 약속입니다. 책의 세계에 헌법이 있다면 대한민국 국민이라면 태어나서 죽을 때까지 전국 어느 도서관에서나 대한민국에서 발행하는 모든 책을 자유롭게 마음껏 읽을 수 있다는 국민독서권의 보장이 제1조라 할 수 있습니다. 책을 일반 상품과 달리 '사회적 공공재'로 보고 국가가 나서서 이를 보장하는 이유가 여기에 있습니다.

이제 여기에 더해 책은 전국 어느 서점에서나 동일한 조건으로 공급받아 동일한 정가로 판매한다는 도서정가제의 보장이 제2조로 자리 잡도록 노력해야 할 때입니다. 우리의 언어로 된 이야기를 자유롭게 쓰고, 펴내고, 보급하고, 추천하고, 판매하고, 읽을 수 있는 독서문화 생태계를 살리는 과정에서 더는 소모적인 '할인 논쟁'과 '할인 시비'는 자제해야 합니다. 도서정가제는 왜 작가, 출판사, 서점, 독자 모두를 살리는 건강하고 공정한 제도인가? 이제 이 물음으로 전환해야 할 때입니다. 그래야 책의 생태계에 할인 문화가 아니라 정가 문화가 정착할 수 있습니다.

　도서정가제가 다시 우리 사회에 뜨거운 관심으로 대두된 이 시기에 한국출판인회의가 부족한 자료집의 방식으로나마 서둘러 『도서정가제가 없어지면 우리가 읽고 싶은 책이 사라집니다』를 발간하는 이유가 바로 여기에 있습니다. 이 자료집의 발간이 소모적인 '할인 논쟁'과 '할인 시비'가 아니라 다시 도서정가제의 기본 취지로 돌아가 '도서 정가'의 필요성과 건강성, 공정성에 대해 사회 전반의 활발한 논의를 이끄는 계기가 되기를 간절히 바랍니다.

2020년 9월

발행인 김학원(한국출판인회의 회장)

차례

발간사   4

도서정가제 10문 10답   12

도서정가제가 없어지면   16

1장 도서정가제의 필요성   21

1. 도서정가제란 무엇인가?   23

2. 도서정가제는 왜 필요할까?   27

3. 책이라는 지식문화 상품의 특수성   30

4. 우리나라 도서정가제의 역사   34

5. 2014년 전후 도서정가제의 변화   38

6. 도서정가제 때문에 책값이 비싸진다는 오해   42

7. 국민이 지지하는 도서정가제   45

8. 지구촌의 도서정가제   48

2장 개정(현행) 도서정가제의 선물   57

1. 동네서점(독립서점)의 증가와 지역서점 폐업률의 감소   59
2. 신간 중심의 출판 시장 형성   64
3. 저자의 창작 욕구 증대   68
4. 출판사의 증가와 출판문화의 역동성 증대   70
5. 책값 인상률 저하와 책값 거품 감소   71

3장 '도서정가제 폐지' 청와대 국민청원의 진실   73

4장 도서정가제 논란을 넘어서   87

1. 전자책의 도서정가제 적용   89
2. 앞으로의 도서정가제 정책 방향   91
3. 책 읽는 사회를 향한 노력의 출발점, 도서정가제 확립   95

우리는 우리를 할인하지 않습니다   99

부록1   도서정가제 지지와 연대의 목소리   103
      : 출판생태계 각 단체의 성명서와 입장문 전문
부록2   도서정가제에 대한 출판사, 지역서점의 목소리   149
      : 2020 긴급 여론조사 결과

도서정가제 10문 10답

1. 도서정가제가 뭔가요?

책의 가격 및 유통 질서 유지와 문화 다양성 보호를 위하여 생산자인 출판사가 정한 가격(정가)대로 판매하도록 하는 제도입니다. 전국 어디서나, 어떤 서점에서나 미리 정해진 가격대로 판매하는 것이 도서정가제의 원칙이지만 아직은 제도가 완전히 정착되지 않아서 가격 할인 10%와 5%까지의 경제적 이익(마일리지, 사은품 등)을 제공할 수 있도록 허용하고 있습니다.

2. 왜 책만 정가제를 하나요?

책은 단순한 상품이 아니라 작가의 창작 저작물로서 문화적 가치를 갖는 문화 공공재입니다. 그래서 부가세가 면제되고 국가가 돈을 들여 도서관을 운영하지요. 그렇기에 단순히 소비나 시장 논리로 가격이 정해져서는 안 되고, 문화 공공재로서 책은 '저렴한' 가격이 아닌 '적정한' 가격에 공급되어야 합니다.

3. 우리나라에만 있는 제도인가요?

우리나라뿐 아니라 현재 OECD 영어권 나라들(영국, 미국, 캐나다 등)을 제외한 프랑스, 독일, 스페인, 이탈리아, 스위스, 그리스, 일본 등 비영어권 회원국을 중심으로 시행하고 있는 제도입니다. 자국의 언어와 문화를 보호하고 발전시키려는 가장 기초적인 제도로 이것이 문화 국가로 가는 초석이기 때문입니다.

4. 독자에게는 무슨 이득이 있나요?

도서정가제가 가져온 가장 큰 변화는 매년 8만 종 이상의 신간을 만날 수 있다는 겁니다. 이는 현행 도서정가제가 시행된 2014년 이전보다 33%나 증가한 수치입니다. 최근 여론조사의 결과에 따르면 대다수의 독자는 가격보다는 책의 내용이나 저자 등 다양한 관점에서 자기가 원하는 책을 고른다고 합니다. 좀 더 다양해진 책들 속에서, 나에게 꼭 맞는 책을 골라 읽는 즐거움을 누릴 수 있다는 것이 도서정가제의 가장 큰 선물입니다.

5. 할인이 줄어들면 손해 아닐까요?

할인 폭이 커지면 당장은 싸게 사는 것 같지만 출판사들은 어쩔 수 없이 할인을 염두에 두고 책값을 더 높일 수밖에 없어요. 그러면 책값에 거품이 생겨 정가는 올라가게 됩니다. 이 사회에 꼭 필요한 양서를 펴내는 소규모 출판사들도 할인 경쟁에 밀려 도산하고, 동네책방들도 하나둘 문을 닫게 될 거예요.

6. 서점이 정말 살아나나요?

통계에 따르면 2014년 개정 도서정가제 시행 이후 독립서점이 100개에서 600개로, 500개 이상 늘었다고 해요. 아직 온라인 서점이나 대형 서점보다는 취약하지만 지역서점들이 살아나고 있다는 것은 도서정가제가 잘 작동하고 있다는 희망의 징표입니다.

7. 오래된 책은 싸게 살 수 없을까요?

오래된 책(발간 후 1년 6개월 이상 지난 도서)을 크게 할인하면 새로 나온 책이 팔리지 않는 부작용이 있어서 2014년 이후에는 둘의 할인율을 같게 조정했어요. 하지만 오래된 책을 싸게 살 수 있도록 '재정가' 제도를 도입해 평균 55% 이상 싸게 구입하는 효과를 보도록 했어요.

8. 안 팔려서 버리는 책이 많아졌나요?

책이 버려지는 원인은 도서정가제가 아니라 우리나라만의 도서유통 제도인 '위탁 판매' 때문입니다. 즉, 서점에서 팔리지 않은 책의 반품이 가능한 것인데요. 그렇게 출판사로 돌아오는 책들의 대부분은 폐기됩니다. 하지만 이 반품률과 폐기율은 2014년 이전과 비슷한 수준이며 도서정가제의 영향이 아닙니다.

9. 전자책은 더 싸게 살 수 있나요?

일반적으로 전자책은 종이책 정가보다 30% 정도 싸게 책값을 정하고 있습니다. 여기에 10%의 할인과 마일리지 등을 합하면 종이책 정가의 43% 이상 저렴하게 구입하는 것이 됩니다. 거기에 대여나 월정액 구독제 등을 이용한다면 훨씬 더 할인이 가능합니다.

10. 웹툰, 웹소설도 포함되나요?

책은 저자의 사상과 감정을 담은 것입니다. 당연히 웹툰, 웹소설도 책입니다. 이 때문에 부가세를 면제받는 등 지원을 받고 있고 개정 도서정가제가 시행된 이후에도 웹툰, 웹소설을 포함한 전자책 시장은 눈부신 성장을 하고 있습니다.

도서정가제가 없어지면

1. 지역서점(독립서점)의 멸종

현재보다 완화된 도서정가제 시행으로 할인율 또는 경제상의 이익이 확대될 경우 지금도 생존이 어려운 지역서점은 급속하게 몰락의 길을 걸을 수밖에 없음이 자명합니다. 책을 직접 살펴보고 구입할 수 있는 문화의 거점이 사라지는 것은 시민의 '독서권 쇠퇴'를 의미합니다. 전국의 책방을 없애고 싶다면 당장 도서정가제만 없애면 됩니다.

2. 거품 가격 심화

현재도 15%의 직간접 할인율로 인해 그만큼의 거품 가격이 구조화되어 있다고 봐야 합니다. 할인율을 확대할수록 가격의 거품도 커질 것입니다. 책값에 대한 신뢰는 사라지고 독자는 보다 저렴하게 판매하는 곳을 찾게 될 것입니다. 하지만 이름 그대로의 도서정가제가 실현되면 책값 책정 단계에서 할인을 예비한 거품이 끼어들 여지가 없습니다.

3. 구간의 덤핑 판매

아직도 2014년 11월까지의 도서 할인 광풍이 눈앞에 생생합니다. 출판사와 서점이 할인율을 높인 매출 경쟁에 나서 할인 판매를 시작하면 구간을 80~90%까지 할인하거나 한 권을 끼워 주는 원 플러스 원(1+1) 등 변칙적인 마케팅이 다시 활개를 칠 것입니다. 신간 도서는 베스트셀러 목록에서 사라지고 할인율 높은 일부의 책이 장기간 그 자리를 차지하게 되겠지요. 덤핑의 악순환은 신간의 활발한 출판을 저해할 것입니다.

4. 신인 작가 등장의 어려움

출판 시장 질서가 안정되어야 출판사는 신간 기획을 통해 신인 작가 발굴에 적극적으로 나설 수 있습니다. 하지만 할인 경쟁을 우선시하는 출판 활동이 이루어지면 새 책 기획 자체가 감소하여 저자를 발굴하려는 노력 또한 줄어들 수밖에 없습니다. 또한 할인 판매가 활발할수록 당초의 10% 인세 계약은 지켜지기 어렵습니다. 책을 펴낸 저자에게는 도서 판매량에 비례하는 인세 수입이 중요한데, 할인이 보편화된 상황에서는 정상적인 인세 수입을 기대할 수 없습니다. 책을 펴내는 저자의 수도 줄고 인세도 줄어드는 상황에서 원천적인 창작이 감소할 것이고, 이는 독자들이 읽을 수 있는 양질의 콘텐츠가 그만큼 감소한다는 뜻이기도 합니다.

5. 영세 출판사들의 폐업

자본력을 바탕으로 할인 마케팅을 하기 어려운 대부분의 중소 출판사, 1인 출판사들은 폐업할 수밖에 없습니다. 도서정가제는 소모적인 할인 마케팅 대신 콘텐츠 경쟁을 유도하지만, 도서정가제가 없어진 상황에서는 출판사들이 거의 모든 영업력을 할인에 쏟아 매출과 수익을 유지하려고 할 것입니다. 이러한 투전판 같은 출판 시장에서는 개성 있는 작은 출판사들이 버틸 재간이 없습니다.

6. 출판 다양성의 파괴

소형 출판사와 작은 서점들의 폐업은 출판의 지나친 상업화를 촉진하는 지름길입니다. 도서정가제가 사라지면 문화 다양성도 동시에 사라질 것이고 독자들의 선택지는 대폭 줄어들 것입니다. 상업적 이익보다 학술적 가치, 문화적 모험, 다양한 개성에 의해 출간되는 도서의 수가 대폭 줄어들 것입니다.

7. '소비자 후생'도 '독자 후생'도 감소

도서정가제 반대론자들이 말하는 소비자 후생은 가격 할인만으로 이루어지는 것이 아닙니다. 독자에게는 다양한 출판사와 저자가 존재하여 다양한 책이 발행되는 환경, 크고 작은 서점들이 공존하여 책의 선택이나 구입을 손쉽게 할 수 있는 환경 모두가 중요합니다. 책 구입에서는 소비자 후생을 포함하는 '독자 후생'이 강조되어야 합니다. 명목상의 할인율만 좇을 게 아니라 좋은 책을 읽을 수 있는 환경으로 나아가려면 도서정가제가 반드시 필요합니다. 도서정가제가 없으면 딱 하나 '할인율'만 커질 뿐 진정한 의미의 소비자 후생은 실현되기 어렵습니다. 책은 단순한 소비재가 아닙니다.

1장

도서정가제의

필요성

1. 도서정가제란 무엇인가?

책의 생산자인 출판사가 붙인 책값 그대로 구매자에게 판매하는 제도가 도서정가제(圖書定價制, Fixed Book Price)이다. 전국 어디서나, 어떤 서점 혹은 판매점에서나 미리 정해진 가격(정가)대로 판매하는 것이 도서정가제의 원칙이다. 출판사가 책의 생산 단계에서 시장경쟁 원리에 따라 정한 책의 가격을 올리거나 내리지 않고 정가대로 판매해야 한다. 도서정가제의 운영 방식에는 법 규정으로 의무화한 법정(法定) 의무정가제와 사업자 간의 계약으로 시행하는 계약제 방식 등이 있다.

현재 우리나라 문화상품 중 유일한 정가 판매 사례는 일간지에서 찾을 수 있다. 신문은 신문사가 정한 1부 또는 정기구독 가격을 어디서나 똑같이 적용한다. 이는 공정거래법에서 원칙적으로 금지하는 재판매가격 유지(=정가 판매) 행위를 저작물에 한해 예외적으로 허용하고 있기 때문인데, 모든 신문사가 예외 없이 이를 채택하는 것은 이 제도의 효용성과 순기능이 그만큼 크다는 것을 보여준다. 다만, 이 제도는 의무적인 것이 아니고 사업자의 선택에 맡겨져 있다. 과거 출판물(종이책, 잡지)의 경우에도 그 적용을 받아 출판사 단체와 서점 단체가 정가 판매 계약을 하여 시행했다. 하지만 이를 지키지 않는 할인 마트의 등장과 인터넷서점의 대대적인 할인 판매로 더 이상 그 적용이 어려워졌다. 이에 따라 법제화를 통해 2003년부터 시행하기 시작해 2014년 11월에 개정 시행 중인 현행 출판문화산업진흥법에서는 도서정가제를 의무적인 정가제로 규정하고 있다.

출판문화산업진흥법 제22조(간행물 정가 표시 및 판매)는 출판사의 도서 및 전자출판물에 대한 정가 표시 의무, 판매자의 정가 판매 의무를 명시하고 있다. 다만, "독서 진흥과 소비자 보호를 위하여"라는 이유로 정가의 15% 이내에서 가격 할인과 경제상의 이익을 자유롭게 조합하여(가격 할인은 10% 이내로 제한하여) 판매할 수 있도록 하여 일정한 법정 할인율을 허용한다.

즉, 우리나라의 도서정가제는 정가제를 표방하고 있음에도 판매 가격이 판매자(서점)에 따라 달라지도록 하여 실제로는 도서정가제의 본래 모습과는 다르게 적용되는 것이 현실이다.

도서정가제는 출판 유통 질서를 지키기 위한 도로교통법과 같다. 출판 시장 참여자들, 특히 유통·판매 업체들이 규모 등에 따라 우대를 받거나 차별을 받지 않고 동일한 가격에 책을 판매할 수 있게 하여 다양한 유통 경로가 공존하도록 하기 위한 법제이다. 하지만 우리의 현실은 할인 판매를 경쟁 전략으로 중시하는 인터넷서점 등의 영향력에 밀려 출판문화산업진흥법에서 10% 할인과 5%의 마일리지 등 경제상의 이익을 제공하는 것이 보편적인 할인 서비스처럼 정착되었다.

반면 규모가 작은 지역서점(독립서점) 등은 할인율이 낮거나 전혀 없는 곳도 많다. 규모가 큰 인터넷서점처럼 출판사와 직거래하기가 어려워 도매상을 거치면서 공급률(공급받는 가격)의 차이 등으로 할인을 하기 어렵기 때문이다. 외형적으로는 도서정가제라고 하지만 내용상으로 보면 판매처마다 판매 가격이 다른 '무늬만 도서정가제' 방식이 우리나라의 현행 도서 가격 제도이다. 다시 말해 모두에게 동일한 조건인 듯 보이지만 큰 차만 더 빨리 달릴 수 있도록 하여 작은 차는 차별을 받고 있는 구조이다. 이에 따라 일반 상품처럼 할인율이 큰 업체에 더 많은 구매자가 몰리는 '기울어진 운동장' 구조가 가속화되어 왔다.

현행 제도의 문제는 '도서정가제'라기보다는 '가격할인제한제'처럼 되어버려서 소비자의 반발을 부른다는 것이다. 예를 들어 최대 포털 사이트인 네이버에서 도서정가제를 검색하면 "서점들이 출판사가 정한 도서의 가격보다 싸게 팔 수 없도록 정부가 강제하는 제도"(두산백과), "책 소매 가격을 일정 비율 이상으로 할인하지 못하도록 강제하는 제도"(한경 경제용어사전)라고 정의한다. "도서를 정가의 일정한 비율 이상의 금액으로 판매하도록 하는 재판매가격 유지 제도"라는 정의도 있다. 모두 현행 도서정가제에 대한 왜곡일 뿐만 아니라 도서정가제가 할인을 막고 소비자가 저렴하게 책을 구입할 권리를 침해하는 악법이라는 인상을 갖게 한다. '재판매가격 유지 제도'라는 표현도 옳지 않다. 공정거래법 규정에 의해 도서정가제가 규율되던 시절에나 어울리는 설명이다.

"책의 가격 및 유통 질서 유지와 문화 다양성 보호를 위하여 생산자인 출판사가 정한 가격(정가)대로 판매하도록 하는 제도이다. 현재 우리나라에서는 출판문화산업진흥법 규정에 따라 10% 이내의 가격 할인 등 총 15% 이내의 경제상의 이익 제공이 가능하다"라고 기술해야 타당하다. '아' 다르고 '어' 다르다.

2. 도서정가제는 왜 필요할까?

도서정가제는 소수 언어권에서 책 생태계의 다양성 확보와 상생, 유통 질서 확립, 공정경쟁 원칙을 위해 필수 불가결하다. 보다 폭넓은 저자층, 다양한 색깔과 개성을 지닌 출판사, 크고 작은 서점과 다양한 유통 경로가 공존할수록 책에 대한 독자의 선택지가 커질 것이고 출판문화와 독서문화의 토양은 그만큼 풍요로워질 것이다. 작지만 매력이 있는 출판사와 작은 서점들이 과당 할인 경쟁으로 인해 사라지지 않고 함께 공존하려면 최소한의 '상생 시스템'이 필요하다. 할인을 많이 해주는 업체만 살아남는 구조에서는 문화 다양성이 꽃피기 어렵다. 도서정가제는 책 생태계의 다양성과 콘텐츠 가치 경쟁을 추구하기 위한 보루이다.

물론 도서정가제가 없어도 소수의 경쟁력 있는 작가, 출판사, 서점은 살아남을 수 있다. 그리고 아무리 할인 경쟁을 해도 독자의 선택을 받지 못한 질 낮은 책은 시장에서 퇴출되고, 가격이 높고 할인율은 낮지만 좋은 내용의 책은 팔린다는 주장도 있다. 하지만 할인 마케팅이나 공짜 경품을 많이 줄 수 없는 자본력 없는 출판사, 상대적으로 할인율이 낮은 서점들의 생존율이 매우 낮을 것이란 점은 명약관화하다. 절대 다수의 독자들이 바라는 것은 단순한 할인 경쟁이 아니라 적정 가격대의 책들이 많이 발행될 뿐만 아니라 실물을 살펴보고 구입할 수 있는 서점이 많은 환경, 즉 책 생태계의 다양성이다. 도서정가제가 필요한 이유이다.

도서정가제를 할 것인가 말 것인가 하는 것은 가격 제도 선택의 문제임과 동시에 우리 사회의 가치 선택 문제이기도 하다. 도서정가제는 과도한 가격 경쟁 대신 출판 콘텐츠의 질적 경쟁, 상생과 동반성장을 지향한다. 할인이 만연한 자유가격제 상황의 혜택은 무엇일까? 책값 경쟁은 검증된 유명 저자, 자본력이 있는 대형 출판사와 대형 서점, 베스트셀러만 읽는 독자에게 유리할 수 있다. 하지만 신인 작가를 포함한 다양한 저자, 출판계의 대부분을 차지하는 작은 출판사, 서점계의 대부분을 차지하는 작은 서점[1]이 출판 시장에서 아울러 상생하도록 제도적 기반을 만든다면 눈속임식의 가격 할인보다 훨씬 더 많은 사회적 이익을 가져다줄 것이다. 그것이 책 생태계에 속한 모든 사람들에게 이익이다.

우리나라에서는 종이책과 전자책의 책값에 대해 부가가치세 10%를 면제하고 있기 때문에 소비자는 10%의 원천적인 할인 혜택을 이미 누리고 있다는 점도 중요하다. 독자들은 책을 준공공재로 인정하는 조세 정책 덕분에 종이책은 1977년부터, 전자책은 1997년부터 부가세 감면 혜택을 받아 사실상 10%의 할인 혜택을 보는 셈이다. 책은 일반 공산품이나 소비재와 달리 국민을 위한 공공재적 성격이 강한 것을 우리나라 세법이 인정하고 있는 것이다.

도서정가제가 시장경쟁 원리에 부합하지 않는다는 주장도 있다. 그렇지만 한 사회가 유지·발전하려면 모든 것을 시장에만 맡겨둘 수 없다. 도로나 철도와 같은 사회기반시설의 건립과 운영, 교육, 의료, 복지, 에너지, 정보통신, 고용훈련 등 많은 분야에서 기업 경쟁에 못지않게 사회적 공공성, 공동체의 상생·발전을 위한 노력을 제도화해 왔듯이 경제적·사회적 약자들을 배려하고 보호해야 한다. 도서정가제는 가격 경쟁으로 인해 피해가 불가피한 이해관계자들을 위한 일종의 문화복지 제도의 역할을 한다. 또한 일종의 공공자본인 지식문화 상품의 사회적 생산·유통·향유를 촉진하고 책 생태계의 지속가능성을 높이는 정책이기도 하다.

도서정가제를 한다고 책 시장에서 시장경쟁 원리가 배제되는 것은 아니다. 출판사가 책값을 붙이는 단계에서 '눈치 가격'으로 불리는 경쟁 가격의 책정이 이뤄지고, 서점에서 한 권의 책을 독자에게 판매하기 위한 마케팅이 여전히 치열하다. 유사한 분야나 유형의 책 가격이 비슷하게 형성된 것은 그만큼 도서의 가격 경쟁이 출판사의 정가 책정 단계에서 이루어지기 때문이다. 아무리 위대한 저자의 명품 책도 다른 책보다 몇 배 비싼 가격을 책정하기 어렵다. 도서정가제를 통해 얻을 수 있는 사회적 이익은 판매 가격 경쟁을 제한하는 데서 생길 수 있는 문제점보다 훨씬 크다.

3. 책이라는 지식문화 상품의 특수성

책은 다르다. 책의 가장 중요한 상품 특성 중 하나는 '다품종 소량 생산'을 한다는 점이다. 연간 8만 종 이상의 새 책(신간)을 평균 1500부 정도씩 발행한다. 신제품이 이렇게 많으면서 단위 상품당 생산량이 이렇게나 적은 경우는 다른 상품에서 찾기 어렵다. 절판(絶版)되지 않고 생명이 남아 있는 수십만 종의 책이 출판 시장에서 유통되고 독자들이 구입한다. 규모의 경제를 통해 할인 판매가 일상화된 소비재 상품의 '소품종 대량 생산'과는 상반된 특성이다.

책은 다르다. 일반적인 소비재 상품이 아니다. 무엇보다 우리나라에서 책값은 교육비나 의료비처럼 부가세 10%가 면제된다. 공공재의 성격이 강하기 때문이다. 부가세 면세 혜택은 도서 구매자인 국민에게 직접적 혜택을 준다. 도서구입비에 대한 소득공제 제도도 2018년부터 시행되고 있다.

책은 다르다. 정부와 지방자치단체, 교육청은 시민 모두에게 독서 향유의 기회를 보장하기 위해 도서관을 운영하고 공공 서비스로 책 읽을 시설과 독서 프로그램을 제공한다. 대부분의 공공도서관에는 냉난방 시설과 쾌적한 독서 시설이 완비되어 있고, 이용자를 위해 도서관 전문가인 사서들이 자료를 안내한다. 도서관 이용료의 부담이 없고 관외 대출도 가능하다. 가족들이 함께 자주 이용하면 포상도 한다. 이렇게 '마음껏 이용하세요!'라고 권장하며 무상으로 무제한 서비스를 제공하는 물건은 세상에 책밖에 없다. 공공도서관뿐만 아니라 초·중·고 학교도서관, 대학도서관, 각종 특수도서관, 군대의 병영도서관, 직장 도서실, 그리고 공공시설이나 전철 역사에 설치한 스마트도서관, 전자도서관에 이르기까지 국가 차원에서 언제 어디서나 읽기를 권장한다. 고등학교 교육과정에는 독서 교과가 있고, 초·중·고 국어 시간에는 '한 학기 한 권 읽기' 수업을 진행한다.

이뿐만이 아니다. 독서를 권장하기 위해 국회는 2007년에 독서문화진흥법을 제정했다. 독서 환경의 변화에 맞춘 종합적인 독서정책 추진을 위해 문화체육관광부는 '독서문화진흥 기본계획'을 5년 단위로 수립하여 시행하며, 중앙 정부와 지방정부(광역지방자치단체)는 매년 독서문화진흥 시행계획을 수립하여 시행해야 한다. 이러한 사항이 매년 국회에 보고된다. 소비재의 생산·유통·향유를 촉진하기 위해 이처럼 진흥법을 만들고 매년 시행계획까지 세우는 경우는 다른 분야에서 찾기 어렵다. 하지만 책이기 때문에, 책은 다르기 때문에 이런 일이 가능하다.

　지방자치단체와 시·도 교육청을 막론하고 전국 각지에서 독서문화진흥 조례를 만들고, '책 읽는 도시'를 선포한 지역도 많다. 2018년 '책의 해'에는 '전국책읽는도시협의회'도 탄생했다. '한 도시 한 책(원 북 원 시티)' 운동 역시 전국 여러 도시에서 활발하다. 매년 시민들이 함께 읽고 생각을 나눌 수 있는 책을 시민 참여 공모로 선정하고 읽기를 권장하며 독서 골든벨, 작가 초청 행사 등을 진행한다. 매년 기초지방자치단체 신청 도시 중에서 선정하는 '대한민국 독서대전'을 유치하기 위해 기초지자체들 사이의 경쟁도 뜨겁다. 지역에서 태어나는 아기들을 위한 '북스타트' 사업은 지방자치단체 예산으로 그림책 2권과 가이드북 등을 선물하고, 정부와 독서시민단체가 힘을 모아 보호자 교육 및 책놀이 프로그램을 지원한다. '북스타트'는 책으로 인생을 시작하고 가정에서 그림책으로 소통하는 적극적인 계기를 만들어준다.

　책은 다르다. 언론에서는 주로 새 책(신간)이나 화제의 책을 소개한다. 다른 상품이라면 그에 상당하는 광고비를 내야만 확보할 수 있는 지면과 방송 분량을 책에 할애한다. 이런 물건도 책밖에 없다. 어떤 신제품이 나왔는데 "신문 독자 여러분, 방송 시청자와 라디오 청취자 여러분 한번 이용해 보세요"라고 홍보하거나 권장하는 물건은 책밖에 없다. 책은 일반적인 상품이 아니고, 여느 공산품과는 다르기 때문이다.

학교에서는 1교시 수업 전에 매일 20분 정도의 '아침 독서'를 하고, 병영에서는 일과를 마치며 '독서 점호'를 하고, 직장에서도 '독서 경영'을 하는 곳들이 늘고 있다. 정부는 '독서 경영 우수 직장 인증제'를 2014년부터 시행하고 있다. 권장 도서 목록을 직원들에게 제시하거나 독서 여부를 인사고과에 반영하는 기업도 있다. 독서가 직원의 자기계발과 기업의 경쟁력 강화에 도움이 된다고 보기 때문이다. 당연한 말이지만 가정과 학교, 직장과 사회의 독서 환경이 독서율과 독자의 유형(1주일에 1회 이상 책을 읽는 '애독자', 어쩌다 한 번씩 읽는 '간헐적 독자', 책을 전혀 읽지 않는 '비독자')을 가른다.[2] 아직도 충분하지 않지만 독서 친화적인 환경 조성을 위해 사회적인 노력을 꾸준히 기울이고 있다. 이런 상품은 책밖에 없다.

책은 정말 다른 물건일까. 국민의 생각을 물었다. 책이 '소비 상품'인지, 아니면 '지식문화 상품'인지 묻는 질문에서 '지식문화 상품'이라는 응답이 2005년 조사에서 85.1%, 2019년 조사에서 79.9%로 매우 높게 나타났다.[3] 반면 책이 '소비 상품'이라는 응답은 각각 9.2%, 10.8%에 머물렀다.[4] 대부분의 국민은 책이 소비재 상품과 다르다고 인식하고 있음을 알 수 있다.

이렇듯 세제 혜택, 책의 향유를 위한 진흥법과 정부·지자체·학교·직장 등 사회적 독서 권장, 국민의 인식 모두가 책이 보통의 소비재와 다른 특별한 지식문화 상품임을 증거한다. 그런데 이러한 지식문화 상품을 일반 소비재 상품처럼 할인 경쟁의 장으로 내몰아 책 생태계 전체를 위축시키는 일은 있을 수 없다. 책의 상품적 성격이 소비재 상품과 정반대로 다르다면 당연히 일반 소비재 상품과는 다른 가격 제도가 필요하다. 그것이 곧 도서정가제이다. 따라서 '도서정가제 폐지'는 단순한 책값 할인 요구가 아니라, 지식문화의 후퇴를 국가가 결정하고 문화 다양성을 포기하라고 주장하는 것과 같다.

4. 우리나라 도서정가제의 역사

1945년 8·15 해방 이후 30여 년간 우리나라 출판·서점계는 유통 질서가 극도로 문란하고, 극심한 할인 판매로 인하여 경영난에 빠진 출판사와 서점의 부도가 속출했다. 또한 가격 혼란으로 소비자(독자)가 피해를 입는 사례가 빈번했다. 이러한 문제들이 극에 달하자 출판·서점계는 1977년 12월부터 출판물의 정가제를 출판·서점계 자율에 의해 시행하기 시작했다. 정가제의 효과는 즉각적으로 나타났다. 1977년부터

1980년까지의 변화만 보아도, 연간 발행종수는 1만4000종에서 2만1000종으로 수직 상승했고, 발행부수는 3781만 부에서 6461만 부로 2배 가까이 늘어났으며, 서점 수는 정가제 시행 첫해인 1978년에만 전년 대비 20%(약 600개)나 증가했다. 소비자들이 안정적으로 도서를 구입할 수 있는 환경이 조성됨으로써 건전한 독서문화가 정착되었다.[5]

    이처럼 우리나라 도서정가제는 이전까지의 무질서했던 유통질서를 바로잡고자 1977년 '정찰제(正札制)'라는 이름으로 본격 시작되었다. 1980년에는 공정거래법에서 예외적으로 도서를 정가 판매 허용 상품으로 지정했다. 1980년대에 출판·서점 단체 간 협약 방식을 통해 잘 지켜지던 도서정가제는 1990년대 중반부터 대형 할인점 및 인터넷서점이 등장하면서 자율 협약 방식의 정가제 시행에 한계가 드러났다. 협약을 체결하지 않거나 정가 판매를 하지 않는 곳에 대한 제재가 어려웠기 때문이다. 이에 출판·서점계를 중심으로 '의무 정가제' 도입을 위한 꾸준한 노력을 통해 2003년 2월부터 출판및인쇄진흥법 규정에 정가제 조항이 포함되었고, 여러 차례 개정을 거치면서 현재에 이르고 있다. 2003년부터 2014년 11월 법 개정 이전까지는 할인율이 커지면서 가격 경쟁이 격화되었고, 2014년 11월 21일부터 시행된 개정(현행) 정가제부터는 할인율이 축소되며 매우 큰 변곡점을 만들었다는 점이 특징적이다.

도서정가제 시행 약사

▶ 1977년 12월 1일부터 출판·서점계 합의로 정가판매제
(당시 명칭 '정찰제') 실시

　　- 가격 경쟁이 없는 도서정가제의 실시로 전국적으로 서
점 수가 증가하고 발행종수도 꾸준히 증가

▶ 1980년 12월 31일 공정거래법(독점규제 및 공정거래에 관한
법률) 시행

　　- 도서를 정가 판매 허용 상품으로 지정

▶ 1990년대 중반 이후 유통업계의 가격 파괴 열풍으로 자
율적인 도서정가제 시행에 한계

　　- 출판계와 서점계의 자율 협약에 의존하던 정가제는 할
인점 및 할인 위주 인터넷서점의 등장으로 한계에 봉착.
협약 미준수(할인 판매) 시 제재 수단의 부재로 할인 판매
확산

▶ 1999년부터 도서정가제 입법화 시작

▶ 2003년 2월부터 출판및인쇄진흥법 시행

　　- 발행 후 1년 미만 도서에 한해 온라인 서점에만 10%
할인 허용(오프라인 서점은 정가 판매), 편법적인 마일리
지 적용 판매 허용 등으로 오프라인 역차별 논란(50% 할
인 등 과당 덤핑 판매 및 경품 경쟁). 일몰제 방식으로 5년간
(2008년 2월까지) 정가제 적용하는 한시 규정을 둠.

▶ 2007년 7월부터 출판문화산업진흥법 시행

- 2007년 10월 20일부터 오프라인 서점에서도 10% 할인 판매, 정가제 적용 기간의 6개월 연장(발행 후 18개월까지 정가제 적용), 정가제 일몰제 조항 폐지

▶ 2010년 7월 1일부터 경품고시에서 이식된 '10% 추가 할인' 시행규칙 규정 시행

- 신간 10% 기본 할인에 더해 판매가에서 10% 추가 할인(마일리지)까지 허용(총 할인율 19%)

- 구간의 무제한 할인율 경쟁 및 변칙 할인으로 신간 시장 위축, 서점·유통사 폐업 속출 및 출판사 경영난 심화

▶ 2014년 11월 21일부터 개정(현행) 도서정가제 시행

- 도서정가제 적용 기간 및 적용 도서 분야의 제한 폐지(발행 후 18개월 이상 경과한 구간에 대한 무제한 할인 판매 금지), 정가의 10% 이내 할인을 포함한 직간접 할인율(소비자의 경제상 이익)을 총 15%로 제한

- 도서관의 도서 구입에도 도서정가제 적용

- 재정가 책정 제도 도입(18개월 이상 지난 도서에 재정가 책정 가능)

이와 같이 당초 도서정가제의 시행은 동일 도서의 균일가 판매에 의한 전국적인 서점 수 증가와 도서 발행종수의 증

가, 도서 가격의 안정화에 기여함으로써 한국 현대 출판산업 발전에서 불가결한 순기능을 했던 것으로 평가된다. 그러나 1990년대에 등장한 대형 할인점과 인터넷서점들의 할인 경쟁에 더해 2010년대에 들어서는 오픈마켓, 소셜커머스 등 무한 할인 경쟁을 벌이는 업종과 업체가 차례로 등장하면서 유통 경로에서의 할인 압력 강도가 점차 가중되어 왔다. 만약 2014년에 다소나마 도서정가제 강화 조치가 취해지지 않았다면 현재와 같은 출판 발행종수, 전국 서점 수는 찾아보기 어려웠을 것이다.

5. 2014년 전후 도서정가제의 변화

2014년 11월 21일부터 현행 도서정가제가 시행되고 있다. 그 전후의 변화 양상을 살펴보면 현행 도서정가제가 출판 시장에 어떤 변화를 촉발시켰는지 알 수 있다.

1977년부터 출판·서점계 대표 단체[대한출판문화협회, 한국서점조합연합회(당시 '전국서적상연합회')] 사이의 합의와 단체 협약 방식으로 시행되기 시작한 도서의 정가판매제는 인터넷서점의 할인 판매가 본격화된 이후인 2003년 2월부터 시행된 출판및인쇄진흥법에 의해 의무 규정이 되었다. 그러나 이후에 할인 범위가 확대되는 등 두 차례의 개악을 거치며 출판 시장을 황폐화시키는 주범 구실을 했다.

2012년 기준으로 보면 정가제가 적용되는 신간 비중이 국내 최대 오프라인 서점 기준으로 약 13%에 불과했고, 이조차 19%까지(10% 할인 및 10% 마일리지 적용) 직간접 할인이 허용되었다. 광폭 할인율의 대명사는 구간 도서(발행일로부터 18개월이 지난 도서)였다. 50% 이상의 할인율, 신간 1권을 사면 구간 1권을 끼워 주는 '원 플러스 원(1+1) 마케팅'이 흔했다. 결국 대다수 오프라인 서점들이 폐업에 내몰렸다.[6]

이처럼 가격 경쟁이 가능한 소수의 대형 출판사와 서점만 살아남을 수 있고, 할인을 전제로 한 거품 가격 형성과 책값 상승, 출판사와 서점의 경영난 심화 등으로 출판 시장에 폐해를 끼치는 '무늬만 정가제'를 바로잡고자 한 것이 정가제 개정의 취지였다. '할인을 못 하게 한다'는 단편적인 이해만으로 개정법안의 대표 발의자인 최재천 의원을 매도하는 할인 옹호론자들도 적지 않았다. 사회적 진통 속에서 어렵게 통과된 개정법에 기반한 새로운 제도 시행 직전에 '제2의 단통법[7]'이 아니냐는 논란이 거센 가운데 찬반 양론이 뜨거웠다. '최대 90% 마지막 파격 할인'을 내세운 인터넷서점들의 서버가 다운되는 등 출판 시장에는 광풍이 휩쓸고 지나갔다.

이에 비해 개정(현행) 도서정가제는 이전보다 도서정가제 적용 범위가 대폭 확대되었다는 점에 가장 큰 특징이 있다. 즉 적용 분야, 적용 기간, 적용 대상 모두가 확장되었다. 이전에는 정가제와 무관하게 대폭 할인을 하던 실용서와 초등학교 학습참고서 분야에도 다시 정가제가 적용되어 출판 분야와 관계없이 모든 종류의 책이 정가 판매를 하게 되었다. 도서정가제 일몰제를 추진하던 공정거래위원회에 의해 합리적 근거 없이 일방적으로 정가제 대상에서 제외되었던 출판 분야들(실용서는 2005년부터 제외, 초등학생용 학습참고서는 2007년부터 제외)이 다시 복권된 셈이다. 또한 발행 후 18개월 이상 지난 구간 도서는 정가 판매 의무가 없었으나, 개정법에서는 신간과 구간 모두 동일한 할인율(직간접 할인을 15%까지 허용)을 적용하는 것으로 바뀌었다. 나아가 주요한 기관 구매자인 도서관에 도서를 판매하는 경우에도 정가제 적용이 의무화되었다. 발행일로부터 18개월이 지난 책은 재정가 책정을 통해 가격 변동이 가능하도록 제도적 유연성도 더해졌다.[8]

개정 도서정가제 시행 1년 후 출판 생태계에는 많은 변화가 생겼다. 무엇보다 광폭 할인 경쟁이 사라진 것이 최대의 성과로 꼽혔다. 이전에는 구간 도서의 경우 50% 안팎의 할인이 흔했고, 이 때문에 신간보다 구간이 훨씬 더 팔리는 풍선 효과가 발생해 출판 시장의 왜곡을 불렀다. 베스트셀러 목록에서 할인율이 높은 구간 도서가 다수 올랐던 풍경도 사라졌다. 구간 중심에서 신간 위주의 출판 시장으로 되돌아왔다. 할인을 위해 문학서를 실용서라고 표기해 판매하던 염치없는 상술도 사라졌다. 대한출판문화협회가 집계한 납본대행 통계에 따르면, 2015년 1~9월에 발행된 도서의 평균 정가는 1만5289원으로, 정가제 개정 이전인 2014년 같은 기간의 평균 정가(1만5908원) 대비 3.9% 하락해 가격 안정화 효과가 나타나기 시작했다. 신간 도서 기준의 총 할인 한도가 4% 축소(19% → 15%)된 것과 궤를 함께하는 거품 가격의 소멸로 풀이되었다. 할인 경쟁이 완화되면서 중소 서점에도 고객들이 다소 늘기 시작했다.

또한 공공도서관과 학교도서관이 지역서점에서 도서관 장서를 구입하는 현상이 널리 확산되는 계기를 마련한 점도 특기할 만하다. 의정부시를 비롯해 전국의 여러 지방자치단체와 서울시교육청 등이 산하 도서관과 학교에 지역서점을 통한 장서 구매를 우선시하도록 하면서 생긴 긍정적 변화였다. 이들 도서관에서는 서점 운영 여부와 무관하게 입찰제 방식으로 최저가에 구매하던 장서 구입 형태를 지역서점 우선 구매로 전환했다. 이에 따라 실제 매장이 없는 유령서점(페이퍼 컴퍼니)을 걸러내기 위해 한국서점조합연합회가 서점 인증제를 도입했다.

현행 도서정가제 관련 법률인 출판문화산업진흥법 제22조는 간행물(종이책과 전자책)의 정가 표시 의무, 발행 후 18개월 이상 지난 도서의 정가 변경(재정가 책정 가능), 서점의 정가 판매 의무, 정가의 15% 이내 직간접 할인 허용(10% 이내의 가격 할인과 마일리지 등 경제상의 이익을 조합한 15% 이내 적용)을 핵심 내용으로 한다. 정가제 위반 시에는 300만 원 이하의 과태료를 부과한다. 신간(새로 나온 책)과 구간(18개월 이전에 나온 책)에 모두 정가제를 적용하며, 잡지에는 적용하지 않는다. 또한 도서관에 판매하는 도서에는 정가제를 적용하지만, 사회복지시설에 판매하는 도서에는 적용하지 않는다. 국내에서 발행한 책에는 도서정가제를 적용하지만 외국에서 수입한 책에는 적용하지 않는다.[9]

6. 도서정가제 때문에 책값이 비싸진다는 오해

많은 소비자들이 오해하듯이, 도서정가제는 출판사나 서점의 밥그릇 챙기기인가? 소비자 입장에서는 정가제를 강화하면 구입가가 올라간다고 생각할 수 있다. 그러나 정가제를 해도 출판사가 적정 가격을 붙여 거품 가격 없이 판매하면 할인한 것과 마찬가지 효과가 있고, 할인판매제를 한다고 해도 가격을 부풀린 다음 명목상의 할인을 한다면 소비자의 실제 이익은 기대하기 어렵다. 원래 1만 원 하면 될 책의 가격을 2만 원이라 붙이고 50% 할인해서 팔면 소비자에게 이득인가? 출판사이건 서점이건, 모든 사업의 속성상 손해 보는 장사란 없다. 정가제냐 자유가격제냐 하는 가격 제도 여하에 따라 실제 소비자 구입가에 큰 차이가 생길 가능성은 낮다는 말이다. 하지만 시장 질서나 산업 생태계는 정가제 유무에 따라 완전히 달라진다. 영미권을 필두로 정가제가 없는 나라들에서는 극소수 출판사에 의한 독과점 구조와 이익에 치중하는 상업 출판, 비싼 책값 등으로 독자들에게 이익보다는 폐해가 훨씬 크다.

할인을 하지 않거나 제한한다고 해서 책값이 올라가는 것은 아니다. 오히려 현재 15% 이내의 직간접 할인 허용 규정으로 인해, 출판사에서 이를 미리 정가에 반영하여 15%만큼의 책값 거품이 생기고 있는 실정이다. 15%까지 직간접 할인이 가능하다고 하니 미리 가격을 올려놓고 그만큼 할인하는 모양새를 취하고 있는 셈이다. 누구의 잘못이 아니라, 현행 제도가 만든 거품 가격 형성의 구조적 문제점이라 할 수 있다.

책값의 높고 낮은 수준은 도서정가제 유무와 크게 상관이 없다. 세상의 모든 상품이 그런 것처럼 책값 역시 출판 시장이 크게 형성될수록 저렴해질 수 있다. 소비자는 낮은 가격을 선호하므로 가격이 저렴할수록 더 많이 팔릴 가능성이 높아진다. 그것을 누구보다 더 잘 아는 것이 출판사들이다. 하지만 현실은 그렇게 하기가 쉽지 않다. 고작 몇백 부밖에 팔리지 않는 학술서는 상대적으로 비싸고, 발행량이 많거나 부피가 적은 책은 상대적으로 가격이 저렴하다. 그것이 도서정가제 적용 여부에 따라 달라질 일은 없다. 도서정가제는 가격 제도일 뿐 책값의 수준을 결정하는 데 결정적인 요소는 아니라는 말이다.

장기적으로 보더라도 1975년 대비 2018년의 임금 및 물가 수준은 1인당 월평균 임금이 61배(46,000원 → 2,810,000원), 설렁탕이 27배(257원 → 7,000원), 종이신문 1개월 구독료가 25배(600원 → 15,000원), 영화 관람료가 17배(500원 → 8,500원) 오른 데 비해 도서의 평균가는 13배(1,276원 → 16,347원) 오르는 데 그쳤다.

해외는 어떨까. 유럽 상황을 보면 도서정가제가 없는 영국에서는 정가제를 파기한 1996년부터 2018년 사이에 평균 가격이 80%나 올랐으나, 같은 기간 동안에 정가제를 유지한 독일은 29%, 프랑스는 24% 인상되는 데 머물러 도서정가제가 가격 안정화에 기여함을 실증했다.[10]

하지만 어떤 이들은 도서정가제가 할인을 제한시켜서 출판사와 서점의 배만 불리고 소비자를 봉으로 만드는 반소비자 정책인 것처럼 오해한다. 자유가격제에 비해 책값이 비싸질 것으로 보는 것이다. 이것은 잘못된 확증 편향이다. 일반 소비재는 소매 단계에서 판매점들이 '가격 경쟁'을 하는 데 비해, 정가 판매 제도에서는 가격을 붙이는 생산 단계에서 출판사들이 치열하게 '경쟁 가격'을 책정한다. 국내에서 1년간 발행되는 신간이 8만 종 이상이고 비슷한 유형의 책값이 거의 비슷한 데서 알 수 있듯이, 경쟁 상품이 부지기수인 출판 시장에서 출판사는 마음대로 가격을 올리기가 어렵고 '눈치 가격'이라고 할 정도로 강도 높은 경쟁 가격을 붙이기 때문에 생산 단계부터 가격 인상 억제 효과가 작동한다.

'생태계'는 어느 일방의 이익만으로 성립되거나 유지되기 어렵다. 책 생태계에서 절대 다수를 차지하는 약자들(무명 저자, 중소 출판사, 지역서점)의 공존과 상생의 철학, 저자부터 독자에 이르기까지 책을 둘러싼 경제적·문화적 가치 사슬이 보다 울창해질 수 있도록 도서정가제에 대한 독자의 이해와 공감대가 필요하다. 출판 시장에서 가격 경쟁이 다른 가치보다 우선하는 악순환의 고리를 끊고 책과 독서의 생태계에 선순환 구조가 정착되려면 제대로 된 도서정가제 이외의 다른 선택지란 있을 수 없다.

7. 국민이 지지하는 도서정가제

우리 국민은 도서정가제에 대해 어떻게 생각할까. 그간의 주요 설문조사 결과를 통해 국민 다수가 도서정가제를 지지한다는 사실을 확인할 수 있다.

2005년 조사

문화관광부 연구용역 보고서로 한국출판연구소가 작성한 보고서 〈도서정가제 평가 및 향후 방향에 관한 연구〉(2005. 11)에서 소비자(책을 읽지 않는 사람을 포함한 일반 국민) 1100명을 조사한 결과[11] "바람직한 도서 판매 방법"에 대해 '도서정가제'라는 응답이 66.8%로 가장 많았고 '자유가격제(정가제 없는 할인판매제)' 16.5%, '상관없음' 15.2%, '무응답' 1.4% 순으로 나타났다. 다만 '도서정가제' 응답은 '부분 할인 도서정가제'(45.4%) 비율이 '할인 없는 완전 도서정가제'(21.4%)보다 2배 이상 많았다. 참고로, 서점의 94%, 출판사의 90%, 저자의 84%가 도서정가제의 필요성에 대해 찬성 의사를 밝혔다.

2009년 조사

문화체육관광부·한국출판연구소가 실시한 〈2009년 국민 독서실태 조사〉(성인 1000명 응답)에서 독서문화 진흥을 위한 다양한 시책별 필요 정도에 대해 알아보았다. "도서정가제 시행(같은 책이면 전국 어디서나 같은 가격에 판매)"에 대해서는 '필요하다'는 응답이 65.5%로 가장 많았고, '보통' 22.2%, '불필요' 11.9% 순으로 나타났다. 독서량이 많은 그룹에서 도서정가제

의 필요성에 대한 지지 의견이 상대적으로 높게 나타났다.[12]

2019년 조사

2019년 9월에 우리나라 성인 도서 구매자(조사 시점 기준 지난 1년 사이에 종이책 또는 전자책을 1권 이상 구입한 경험이 있는 사람 응답) 2000명을 조사한 '도서정가제 이해관계자 조사' 결과[13] 응답자의 59%는 '동일한 책은 전국 어디서나 동일한 가격으로 판매하는 제도가 필요하다'라고 답했다. 반면 '필요하지 않다'는 의견은 21%, '보통'이라는 응답이 21%였다. 즉, 도서정가제의 필요성에 대해 10명 중 6명은 찬성하고 2명은 반대했다. 국민의 과반수가 동일한 책이라면 어디서나 같은 가격에 안심하고 구입할 수 있는 도서정가제에 찬성하는 것을 알 수 있다. 아울러 "현행 도서정가제 평가"에 대해 '보통(39.8%) 〉 긍정적(39.6%) 〉 부정적(20.7%)'이라는 의견이 나타나 긍정적 평가가 부정적 평가보다 2배 가까이 높게 나타났다.

2020년 조사

문화체육관광부 의뢰로 리서치앤리서치에서 성인 2000명(도서 구매자는 1101명)을 조사한 결과(6.30~7.5, 패널조사)[14] 국민들은 현행 도서정가제에 대해 '보통(39.2%) 〉 긍정(36.9%) 〉 부정(23.9%)' 순으로 평가했으며, 실제로 책을 구입하는 구매자

기준으로는 '긍정(37.8%) 〉 보통(33.7%) 〉 부정(28.5%)' 순으로 나타나 긍정 평가가 가장 앞섰다. 또한 "도서정가제가 나아 가야 할 방향"으로는 '개선·보완(62.1%) 〉 유지(23.0%) 〉 폐지 (15.0%)' 순으로 나타났다.

이상과 같이 독서 및 도서정가제와 관련된 여러 차례의 국 민 여론조사에서 반복적으로 도서정가제의 필요성이 확인되 었다. 또한 2019년 한국출판연구소 조사와 2020년 문화체육 관광부 조사에서도 현행 정가제에 대한 '긍정적 평가'가 상대 적으로 많고 폐지보다는 개선·보완 및 유지 의견이 높게 나타 났다. 이는 2019년 청와대 국민청원의 '도서정가제 폐지' 주장 에 20만 명이 동의하여 폐지 여론이 우세한 것처럼 곡해하는 일을 바로잡는 근거 자료라 할 수 있다.

8. 지구촌의 도서정가제

미국과 영국 등 영어권에는 도서정가제가 없다. 영어는 세 계 공용어로서 출판 시장이 국내외에 걸쳐 매우 넓기 때문에 출판사들이 도서정가제를 원하지 않는다. 반면, 비영어권 국 가이면서 문화 선진국들인 나라에는 대부분 도서정가제가 존재한다. 프랑스, 독일, 네덜란드, 스페인, 이탈리아 등에서는 도서정가제 특별법을, 일본이나 노르웨이 등에서는 계약 방식의 정가제를 철저하게 시행한다. 출판 시장이 안정된 이들 나라에서는 도서정가제에 대한 독자들의 불만이나 논란이 없다. 독자들이 적정한 가격이 붙은 책을 원하는 곳에서 동일한 가격으로 구입할 수 있다. 크고 작은 오프라인 서점에서 직접 책을 살펴보고 할인에 신경 쓰지 않고 구입한다. 우리나라의 1980년대 상황과 같다. 인터넷서점이나 지역서점(독립서점)이나 책값이 같으니 동네책방 이용자가 많고 지역마다 작은 서점들이 책을 매개로 문화의 산실 역할을 한다.

경제협력개발기구(OECD)에 속한 36개국 중 우리나라를 비롯한 비영어권의 출판 선진국 15개국에는 도서정가제가 있다. 경제협력개발기구에 속하지 않은 아르헨티나와 레바논에서도 도서정가제를 시행한다. 국제출판협회(IPA)는 "도서정가제에 표준은 없다"라고 말한다. 나라마다 사정에 따라 그 필요성이나 운영 방식이 각기 다르기 때문이다. 역사적으로 세계의 도서정가제는 유럽의 출판 선진국들을 중심으로 발전되어 왔다.

이처럼 비영어권 문화 선진국들이 한결같이 도서정가제를 시행하는 것은 문화 다양성의 유지, 언어 정체성의 제고, 유통 질서 확립을 통한 출판 생태계의 지속가능성을 높이고자 하는 노력의 소산이다. 그것이 결과적으로 독자의 이익이라는 것이

출판산업계와 시민들의 인식이다.

종이책과 전자책 모두에 정가제를 적용하는 나라(한국, 독일, 프랑스, 오스트리아, 그리스, 노르웨이, 스페인, 슬로베니아, 아르헨티나)도 있고, 종이책에만 정가제를 적용하는 나라(이탈리아, 포르투갈, 네덜란드, 일본 등)도 있다. 도서정가제 적용 기간은 도서 발행일로부터 1년 6개월 또는 2년 정도가 많지만 한국이나 일본처럼 기한이 없는 나라도 있다. 특기할 점은 도서정가제 적용 기한이 있는 나라의 경우에도 기다렸다는 듯이 기한이 끝나자마자 대폭 할인을 하는 나라는 없다는 점이다. 그렇게 되면 도서정가제를 시행하는 의미가 사라지게 된다.

도서정가제를 적용해도 최소 할인을 인정하는 경우가 있다. 허용 할인율은 일반 독자 대상 0~15%, 학생용 할인 또는 학교나 도서관 대상의 할인 5~20%, '세계 책의 날' 또는 도서전에서의 할인 10~20% 등으로 다양하다. 그렇지만 여기서 말하는 일반 독자 대상의 허용 할인율을 실제로 적용하는 나라는 거의 없다. '할인할 수도 있다'는 규정이기 때문이다. 그 밖에도 교과서나 교재를 할인 대상에 포함한 경우와 그렇지 않은 경우가 있다. 이처럼 도서정가제를 시행한다 해도 나라마다 상황과 시행 조건은 저마다 다르다.

한편, 영어권 6개국(미국, 영국, 캐나다, 오스트레일리아, 뉴질랜드, 아일랜드)에는 도서정가제가 없다. 세계 공용어인 영어는 사용자가 많기 때문에 출판 강국인 영국과 미국의 경우 출판 수출 비중이 상당히 높다. 영어 도서는 글로벌 출판 시장에서의 점유율 또한 가장 높으며, 대형 다국적 출판사나 체인서점·온라인 서점의 비중이 높다. 여러 이유로 영어권 국가들은 출판계가 도서정가제의 필요성을 느끼지 않기에 정가제를 시행하지 않는다. 그렇다고 해서 인터넷서점에서 무제한 할인을 하거나 과당 할인 경쟁을 하는 것도 아니다. 주로 베스트셀러 위주로 할인하고 재고 처리 등 필요에 따라 할인율을 적용한다. 미국은 1890년 셔먼법 제정 이래 독점이나 소비자 판매 가격을 고정하는 재판매가격 유지 행위를 배격한다. 영국은 1829년에 세계에서 처음으로 협약 방식의 도서정가제를 도입했지만 1995년 다국적 출판그룹인 아셰트의 호더 헤드라인 출판사 등 주요 출판사들이 영국의 도서정가제 협약(Net Book Agreement)을 탈퇴하면서 오랜 정가제 역사가 막을 내렸다. 이후 영국에서는 1998~2014년 사이에 할인을 앞세운 온라인 서점이 약진하며 출판 시장에서 소매서점의 매출 비중이 20%나 하락했다. 당연한 결과였다.

'반아마존법'까지 만든 프랑스 사례는 주목할 만하다. 1889년 프랑스서적상조합에서 권장소매가격을 설정하기 시작한 프랑스는 1981년에 세계 최초로 도서정가제를 법제화('도서가격에 관한 법률'을 제정)했다. 당시 프랑수아 미테랑 정부의 문화부 장관이던 자크 랑의 이름을 따 '랑법'으로 불린다. 2011년에는 전자책의 모든 서비스 방식에 도서정가제를 적용하는 제도를 도입했고, 2014년부터는 이른바 '반아마존법'을 시행했다. 오프라인 서점에서는 도서 정가의 5% 이내 할인과 무료 배송이 가능하지만, 온라인 서점은 이를 하지 못하도록 규제한 것이다. 예를 들어 10유로짜리 책이 있으면 동네서점에서는 9.5유로에 판매할 수 있지만, 아마존프랑스 등 온라인 서점에서는 10.01유로 이상의 가격에 판매해야 한다. 프랑스의 동네서점들이 건재한 이유이다. 오드래 아줄래 프랑스 문화부 장관은 2016년 3월, 한국이 주빈국으로 참여한 파리도서전에서 이렇게 말했다. "프랑스에서 문화는 심장이고, 그 중심에 책이 있다. 프랑스 정부는 1980년대 초부터 도서정가제를 통해서 시장의 안정화를 꾀했다. 지난 40년 동안 프랑스는 도서 시장을 안정적으로 운영해 왔기 때문에 독서하는 문화가 자연스럽게 정착되었다."[15]

랑법은 프랑스 의회에서 만장일치로 통과되어 1981년 8월 10일에 공포되었다. 당시 문화부 장관이던 자크 랑은 이 법의 목적에 대해 의회에서 이렇게 말했다.[16]

"(책을 다른 상품과 달리 취급하는) 이 예외적 제도의 바탕을 이루는 것은 책을 일반 상품으로 간주할 수 없다는 의지이며, 시장의 논리를 다소 굽혀서라도 책이 당장의 수익 논리에만 좌우될 수 없는 문화적 재산(bien culturel)임을 확실히 하겠다는 의지이다."

도서정가제와 '동일 공급률' 원칙이 있는 독일도 살펴볼 필요가 있다. 책값의 혼란이 심했던 1888년에 독일출판서적상업협회 회장이던 아돌프 크뢰너는 출판사가 정한 가격대로 책을 판매하도록 규약을 만들었다. 이른바 '크뢰너의 개혁'이다.[17] 독일에서는 2002년에 도서정가법이 제정되었고, 2016년에는 전자책이 정가제 대상에 포함되었다. 기본적으로 도서 발행 후 18개월간 유지되는 독일의 도서정가제는 할인을 전면 배제한다. 말 그대로 정가 판매를 하기에 할인율은 0%이다. 정가를 언제든 조정할 수 있지만 어떤 경우이든 모든 유통 판매점에서 이를 동일하게 적용한다. 18개월이 지났다고 해서 책을 경쟁적으로 할인하지도 않는다. 전자책의 경우 정가제 대상은 '판매'하는 콘텐츠이며 '대여'나 '구독' 서비스에는 정가제를 적용하지 않는다. 독일은 독일 내 소비자를 대상으로 한 해외 전자책 사업자들까지 법 적용을 받도록 했다. 나아가 독일 출판계는 유통 경로나 거래처에 따른 공급률(출판사의 정가 대비 유통사·서점 공급 가격의 비율) 차별을 금지한다. 출판사가 동네 서점이나 인터넷서점에 공급하는 가격은 반드시 동일해야 한다. 독일은 정가제를 비롯한 유통 제도를 철저히 원칙에 입각해 운영하는데, 그것은 독일출판서적상업협회가 출판사-도매업체-서점이 모인 단일 단체이고 매우 합리적인 논의 구조를 가졌기 때문이다.

일본에서는 계약 방식으로 강력한 도서정가제를 유지한다. 법률에 의한 의무 정가제가 아님에도 출판사-도매업체-서점 간의 계약 방식으로 예외 없이 모든 사업자에게 적용된다. 정가 판매를 준수하겠다는 협약을 맺고 지키는 것이다. 공정거래법에서 예외적으로 허용하는 재판매가격 유지(가격 고정 제도)의 일종이다. 도서뿐 아니라 신문과 잡지 역시 정가제를 적용한다. 다만 일본에서는 전자책에 대해서는 정가제를 적용하지 않는다. 그럼에도 저자, 출판사, 서점, 독자 모두 불만이 없다. 일본에서는 문고본이나 신서(新書) 판형 등 저렴한 책이 많이 발행되어 독자의 부담이 적은 편이지만 소비자가 도서 정가에 소비세(부가가치세) 10%를 별도로 지불해야 한다는 점이 우리와 다르다. 소비세 부담이 없다면 실질적으로 책값은 그만큼 저렴해질 것이기 때문에 일본 출판계는 출판물에 대한 소비세 면세를 정부에 지속적으로 요구하고 있다.

중국은 오프라인 서점을 지키기 위해 도서정가법 제정을 추진 중이다. 현재 중국에는 도서정가제가 없다. 당당, 징둥, 텐마오 등 초대형 온라인 서점들은 50% 전후의 할인율로 이벤트를 자주 개최한다. 보통 40%에 이르는 온라인 서점들의 할인 판매로 인해 오프라인 서점의 매출과 수익은 지속적으로 감소할 수밖에 없는 악순환 구조이다. 시장 구조의 왜곡으로 인해 베스트셀러 목록에도 신간이 드물다. 이에 정부 기관인 중국신문출판연구원의 웨이위산 원장은 도서의 공정거래에 관한 입법, 즉 도서정가제의 입법 필요성을 정부에 제안했다. 출판사 수익률이 계속 떨어지고 오프라인 서점들이 사라지는 상황에서 중국 출판계의 공멸을 막아야 한다는 위기의식이 반영된 행동이다.[18]

2장

개정(현행) 도서정가제의

선물

1. 동네서점(독립서점)의 증가와 지역서점 폐업률의 감소

전통적인 우리나라 서점의 모습은 학습참고서 매장을 중심으로 단행본 서가와 잡지 코너, 문구 매장을 갖춘 형태이다. 하지만 최근 수년 사이에 큰 변화가 생겼다. 학습참고서를 취급하지 않고 특정 분야의 단행본 위주로 전시·판매하는 동네서점(독립서점)[19] 수가 2015년 97개에서 2018년에는 416개로 증가했다. 동네서점 정보 플랫폼 업체인 퍼니플랜이 2020년 5월 기준으로 조사한 독립서점 숫자는 583개로, 2015년의 101개 대비 477.2%나 증가했다.[20] 이는 2014년 11월부터 개정 도서정가제가 시행되면서 할인 경쟁이 줄어든 효과가 크게 작용한 결과이다. 전통적인 형태의 오프라인 서점이 1994년 5683개에서 최근에 2000여 개로 감소한 상황에서 지난 수년 사이에 개성적인 독립서점이 600개 가까이 서울부터 제주에 이르기까지 전국 방방곡곡에 등장한 것은 기존의 서점 지형도를 바꾸는 일일 뿐만 아니라, 책이 있는 지역의 문화 활동 공간으로서 사회적으로도 주목받고 있다.

한국서점조합연합회 조사에 따르면, 2019년 기준 전국 서점 수는 모두 2320개이다. 2003년 3589개에서 2013년 2331개로 계속 감소하던 서점 수는 그나마 지난 수년 사이에 증가세로 돌아섰다. 전국 오프라인 서점 수는 2015년 2165개에서 2019년 2320개로 7.1%나 증가했다. 이는 2014년 11월부터 시행된 현행 도서정가제, 즉 도서정가제 강화의 영향이 결정적이다. 전통적인 지역서점 수가 2009년 2846개, 2013년 2331개, 2017년 2050개로, 2014년 개정 정가제 시행 이후 서점 감소율이 둔화된 것도 주목된다. 2009년에서 2013년 사이에 −18.1%이던 감소율은 2013년에서 2017년 사이에 −12.1%로 줄었다.

구간 도서의 무한 할인이 금지되는 등 법정 허용 할인율이 줄면서 그나마 온·오프라인 서점 간 상생의 기반이 마련되었다. 학습참고서를 판매하지 않으면서 개성적인 큐레이션을 선

보이는 독립서점들이 우후죽순처럼 생겨났다. 또한 도서관 구매에도 도서정가제가 적용되면서 지역서점 인증제가 확산되었고 지역서점을 통한 구매가 대폭 늘어났다. 서점에서 시민이 신청한 도서를 도서관 장서로 삼는 '희망도서 바로대출' 제도도 여러 지자체에서 시행되고 있다. 여기에 2019년 10월부터 5년간 서점업이 '생계형 적합업종'(제1호)으로 지정되면서 대형 서점의 신규 진출이 제한되어 소규모 지역서점의 성장 여건이 커진 것도 사실이다.

하지만 현실은 녹록지 않다. 서점이 하나도 없거나 1개만 남은 위기 지역도 점점 늘고 있다. '지방 소멸'이 화두가 될 만큼 인구가 감소하고 고령화가 진전되면서 생겨난 문제이다. 이런 현상은 갈수록 전국 각지로 확산될 가능성이 크다. 생활권 가까이에 서점이 없으면 독자가 최근에 나온 주목할 만한 종이책을 직접 살펴보고 구입할 기회가 원천적으로 사라진다. 도서관과 함께 독서 환경의 주요 요소인 서점의 부재는 시민의 책 읽을 권리(독서권)를 부실하게 만든다.

서점이 증가하고 유지될 수 있는 가장 큰 원동력은 무엇보다 도서정가제 시행에서 찾을 수 있다. 모든 조사에서 서점인들이 바라는 1순위 정책도 항상 도서정가제이다. 하지만 현행 도서정가제는 도서의 정가 대비 15%의 직간접 할인율을 허용하는데, 대형 인터넷서점은 10% 할인과 5% 마일리지 제공, 나아가 제휴카드로 구매가의 15% 이내 추가 할인까지 하고 있다. 배송비도 무료이다. 반면에 규모가 작은 지역서점은 도매업체 등 유통사에서 공급받는 도서 가격이 원천적으로 높아서 인터넷서점처럼 15%의 직간접 할인의 여력이 있는 곳은 거의 없다. 출판 시장은 대형 온·오프라인 서점의 영향력이 압도적으로 높은데, 여기에다 여전히 거품가 책정과 할인 경쟁을 유도하는 현재의 이름뿐인 도서정가제로 인해 '기울어진 운동장'이 되고 말았다. 지역서점이 성장하려면 무엇보다 종이책을 정가대로 팔고 사는 독일, 프랑스, 일본 등과 같은 도서정가제가 불가결하다.

지역서점은 책을 판매하거나 책과 관련된 다양한 프로그램을 운영하는 지역문화의 거점으로서 중요한 공간이다. 그뿐만 아니라 인터넷서점이나 체인서점과 달리 지역경제의 순환 발전과 고용 창출에 직접적으로 기여한다. 대형 인터넷서점과 지역사회는 아무런 연계성이 없는 반면, 지역서점에서의 책 구매는 지역에 일자리와 문화 공간을 만들고 이는 지역경제 활성화와도 직결된다. 미국이나 독일 등에서는 지역 상점에서의 구매를 촉진하기 위해 '바이 로컬(Buy Local)' 등 지역서점 구매를 독자들에게 적극 호소하며 서점 살리기에 나서고 있다. 최근 코로나19 상황에서 미국서점협회가 벌이는 독립서점 후원 캠페인에는 유력한 작가와 출판사들의 기부가 줄을 잇고 있다. 어려움에 빠진 서점들이 사라지면 안 된다는 사회적 목소리가 커지고 있는 것이다.

가고 싶은 매력적인 서점이 있는 동네에 사는 사람은 그렇지 않은 사람보다 훨씬 좋은 독서 환경을 가진 것과 같다. 이런 공간은 지역사회가 스스로 만들고 유지해야 한다. 서점은 상업적인 공간임에도 '책'이 지닌 공공재적 성격 때문에 특수성을 인정한다. 지역문화진흥법에서 지역서점을 지역의 생활문화 시설로 인정한 이유도 다르지 않다. 지역서점이 다양한 독서문화 프로그램 운영을 통해 온전히 시민을 위한 생활문화 공간으로 자리 잡도록 하려면 당장의 지원만이 아니라 서점인들의 가장 큰 소망인 제대로 된 도서정가제부터 시행해야 한다. 보다 많은 서점이 생기는 환경에서 독자가 누릴 수 있는 출판문화와 독서문화의 가치는 더욱 커질 터이다.

코로나19로 인해 가뜩이나 운영이 어려워진 지역서점(독립서점)의 경영난이 심화되고 있다. 하나금융경영연구소가 신용카드 매출 데이터를 기반으로 지난 1분기(1~3월)의 업종별 소비 행태 변화를 분석한 결과, 도서 구매는 전년 같은 기간보다 49%나 감소했다고 한다. 한국신용데이터가 전국 60만 개 소매업체의 매출을 분석한 결과에서는 2~4월의 도서 매출액이 16% 감소한 것으로 집계되었다. 사람들이 외출을 줄이면서 집에 있는 시간이 상대적으로 길어진 가운데 여가 활동으로 책 읽기를 선택한 비중이 매우 낮았음을 보여준다. 반면에 학교와 도서관이 모두 문을 닫으면서 인터넷서점의 매출은 오히려 증가했다. 오프라인 서점을 찾는 발걸음이 급격히 줄어들면서 소형 출판사들의 어려움도 커지고 있다. '위드 코로나' 시대에 도서정가제는 서점이 그나마 폐업의 위기에서 무너지지 않고 기댈 수 있는 마지막 버팀목이다. 도서정가제 강화가 절실히 필요한 이유이다.

한국출판인회의가 2020년 8월에 실시한 설문조사에서, 서점·출판사(총 1001개사)의 64.7%(서점 69.1%, 출판사 58.7%)는 현행 도서정가제가 '동네서점 활성화에 도움이 되었다'라고 응답했다. 또한 도서정가제가 '서점 쇠퇴 방지 역할에 도움이 된다'라는 의견도 67.0%였다.[21]

2. 신간 중심의 출판 시장 형성

개정 이전의 도서정가제 규정에서는 신간(발행 후 18개월 미만 도서)에만 기한을 정해 도서정가제를 적용했었다. 그러나 이는 구간 도서의 과당 덤핑 판매(심지어 1000~3000원 균일가 판매)를 조장하는 등 할인의 풍선 효과로 인해 정가제 도입의 실효성을 전면적으로 무력화시켰다. 처음부터 3000원의 저렴한 정가를 붙여 어디서나 동일한 가격에 판매하는 것과 구간이라고 해서 대폭 할인하여 특정 인터넷서점 등에서만 3000원에 땡처리하듯 판매하는 것은 완전히 다르다. 전자는 저가 전략이나 박리다매를 지향하여 판매를 늘리려는 출판사의 마케팅 정책의 일환이어서 출판 시장 질서에 부정적 영향을 미치지 않는다. 독자 확대에도 기여할 수 있다. 반면 후자는 재고 처리를 위한 출판사의 고육지책 또는 인터넷서점 주도의 할인 전략이지만 모든 서점에서 동일한 마케팅을 하는 것이 아니므로 유통 거래처들을 차별하는 행위이고 시장을 교란한다.

한국출판인회의가 발표한 조사보고서에 의하면, 구간의 광폭 할인이 보편화된 2007년부터 2011년 사이에 할인율이 상대적으로 약한 오프라인 서점에서는 신간의 판매 비중 변화가 거의 없었지만, 할인 판매를 주요 마케팅 수단으로 삼았던 인터넷서점 3개사(예스24, 알라딘, 인터파크)에서는 신간 비중이 두 자릿수나 감소했다. 대표적으로 알라딘의 경우 신간 매출 비중은 2007년 60%에서 2011년 35%로 25%나 줄었다. 신간 판매량의 비중이 30%로 하락하는 것은 정상적인 서점 경영에서는 있을 수 없는 일이다. 결국 출판사들의 매출도 신간 중심에서 구간 중심으로 넘어갔다는 것이다. 이렇게 되면 신간을 내는 데는 소극적이 되고 구간을 할인하는 상법만 강화되면서 출판 시장의 역동성이 사라지게 된다.[22]

2014년 정가제 개정 이전의 우리나라 구간 도서의 할인율은 도서정가제가 없는 나라에서도 비교 사례를 찾기 어려울 만큼 극단적이었다. 구간 도서의 과당 할인 판매 경쟁은 출판사에 대한 낮은 출고율 요구로 이어져 출판사의 채산성과 재생산 구조의 악화를 불렀다. 18개월 뒤에 대폭 할인할 것을 예상해 정가도 미리 상향될 수밖에 없었다. '좋은 책'이 출판되기를 바라는 독자의 요구는 극단적인 '할인' 압력과 상충했다. 도서정가제 범위를 구간 도서에까지 확대시켜 과당 할인 경쟁 대신에 명실상부한 정가제에 기반한 콘텐츠 경쟁, '좋은 책' 경쟁에 나서도록 법을 개정해야 한다는 요구가 나오게 된 배경이다.

도서정가제 개정 시행에 따른 신간 판매의 부각 현상은 시행일로부터 불과 일주일 만에 나타났다.[23] 콘텐츠의 힘 못지않게 할인 효과가 컸던 『미생』, 『총, 균, 쇠』가 베스트셀러 목록에서 하위로 밀리고 신간 도서들이 초강세를 보인 것이다. 정가제 개정 이전 막판 할인 공세로 종합 베스트셀러 상위 20위권의 목록 중 80% 이상이 구간으로 채워지면서 신간 출간 의욕을 갖기 어려웠던 출판사들에는 괄목할 만한 변화였다. 한 인터넷서점에서 2014년 11월 20일과 26일 사이에(개정 정가제는 21일부터 시행) 반값에 판매하던 히가시노 게이고의 소설 『나미야 잡화점의 기적』은 1위에서 4위로, 40% 할인된 가격에 팔리던 『미생』 세트는 2위에서 9위로 하락했다. 6위였던 『총, 균, 쇠』는 10위권에서 사라졌다. 다른 인터넷서점들의 변화도 마찬가지였다.

　도서정가제가 개정된 2014년의 종합 베스트셀러 20위권 목록에서 신간 점유율은 약 60%였으나, 한국출판인회의가 전국 주요 서점 자료를 토대로 집계한 2015년 2주차 종합 베스트셀러 목록을 보면 신간 비중이 90%로 대폭 상승하였다.[24]

　연간 단위로 보아도 개정 도서정가제의 영향으로 신간 중심의 출판 시장 형성이 강화되었음을 알 수 있다.[25] 한국출판문화산업진흥원이 매년 발간하는 『출판산업 실태조사』 보고서에 따르면, 오프라인 서점의 신간 매출액 평균 비중은 2015년 62.0%에서 2018년 68.1%로, 6.1%포인트 증가했다. 인터넷서점의 신간 매출액 비중 역시 2015년 39.6%에서 2018년 43.9%로, 4.3%포인트 증가했다. 온·오프라인 서점의 특성 차이로 인해 상당한 비율의 차이가 있지만 동일하게 신간 매출 비중이 커진 것을 확인할 수 있다. 구간에 대한 무제한 할인율 적용 규정을 철폐한 효과가 드러났다고 할 수 있다.

3. 저자의 창작 욕구 증대

도서정가제로 유통 질서가 안정된 출판 시장, 그리고 무한 할인 경쟁이 펼쳐지는 출판 시장 가운데 저자들이 선택하는 쪽은 당연히 전자이다. 도서정가제가 없으면 저작물의 질적 가치보다는 가격 할인율에 의해 판매가 좌우되고, 대폭 할인이 가능한 일부 출판사에서 책을 펴낸 저자가 아닌 이상 대부분의 저자가 피해자가 될 수 있기 때문이다. 또한 도서정가제 상황에서 저자는 그나마 팔린 책에 대한 인세를 보장받을 수 있지만, 광폭 할인 상황에서는 할인율이 클수록 저자의 수익도 줄어들 수밖에 없다. 동일한 부수의 책이 팔려도 50% 할인에 의한 것이었다면 인세는 절반으로 줄어들 것이다.

이런 이유로 저자들은 도서정가제의 필요성을 강조한다. 문화체육관광부가 운영했던 도서정가제 민관 협의체에서 1년간의 논의를 거쳐 어렵게 합의했던 '현행 유지' 결정에 대해, 당사자인 문화체육관광부가 2020년 7월 말 갑자기 '재검토' 의사를 밝히자 문학인들의 단체인 한국작가회의는 강경한 어조로 반대 성명서를 발표했다.[26] "도서정가제는 시장경제 논리로부터 출판계 전체의 다양성을 보호하는 최소한의 방어막이 되어 왔다"라고 전제하고 "(현행) 도서정가제는 서점과 출판계에 만연했던 가격 경쟁을 완화하는 데 일조했으며, 이에 따라 전국적으로 개성 있는 출판사와 독립서점 등이 늘어나고 있다"라고 이전에 비해 강화된 현행 도서정가제에 대해 평가했다. 이와 함께 "도전적인 목소리를 가진 작가들이 다시 펜을 쥐려 힘을 얻고 있으며" 도서정가제가 "작가들의 권익 신장에도 상당한 영향력을 행사"한다고 그 중요성을 강조했다. "작가들의 기본적인 인권이자 재산권인 저작권을 시장경제의 폭압 속에서 보호"해준다는 것이다. 도서정가제를 포기하는 것은 그나마 되찾은 작가들의 권리를 빼앗기는 셈이므로 한국작가회의는 도서정가제 개악에 반대한다고 힘주어 강조했다.

한국출판연구소가 실시한 '도서정가제 이해관계자 설문조사'(2019. 9)에서도 저자들은 현행 도서정가제에 대해 '긍정적'으로 평가하는 의견이 46.5%로 절반에 가까워 '보통' 36.0%, '부정적' 17.4%보다 높은 비율을 차지했다. 또 동일 도서의 전국 균일가 판매 제도(도서정가제)의 필요성에 대해 '필요' 79.7%, '불필요' 11.6%, '보통' 8.7%로 나타나, 도서정가제가 제대로 시행되기를 바라는 의견이 대다수임을 알 수 있다. 이러한 수치들은 도서정가제가 출판사나 서점뿐 아니라 저자들이 바라는 중요한 창작 환경의 하나임을 보여준다. 문화산업에서 창작자의 역할은 거의 절대적이다. 저자들에게 직접적인 지원은 못 하더라도 출판 시장에서 공정하게 경쟁하고 창작 활동에 매진할 수 있는 최소한의 창작 환경을 만들어주는 일은 매우 중요하다.

4. 출판사의 증가와 출판문화의 역동성 증대

전국의 출판사 수는 2010년 3만5626개, 2014년 4만6982개, 2019년 6만2983개로 지속적인 증가세를 나타냈다.[27] 출판사 숫자는 1980년대 이후 계속 증가세를 보여왔는데, 개정 도서 정가제 시행 이후 최근 수년 사이의 증가 폭이 매우 크다는 점을 눈여겨볼 필요가 있다.

한국출판인회의가 2020년 8월에 실시한 설문조사에서, 서점·출판사(총 1001개사)의 48.0%는 2014년 이후 도서정가제가 '출판사나 서점의 창업에 도움이 되었다'라고 응답했다.[28] 출판사 응답만 보면 53.8%이다. 당연한 이야기일 수 있지만, 가격이나 할인 경쟁이 약화되고 아이디어 경쟁, 콘텐츠의 질적 경쟁이 이루어지는 환경은 신규 출판사 및 연관 업체의 창업 환경에 보다 바람직할 수밖에 없다.

개정(현행) 정가제 시행 이후 작은 출판사들이 증가하는 양적 변화만 있었던 것이 아니다. 예를 들어 『죽고 싶지만 떡볶이는 먹고 싶어』가 베스트셀러가 된 사례에서 보듯이 크라우드펀딩으로 만들어진 독립출판물들이 1인 출판사에서 일반 도서로 출간되어 인기를 얻는 등 이전보다 '마케팅 경쟁력'이 아닌 '콘텐츠 경쟁력'으로 승부하는 책들이 증가했다. 폼 잡지 않고 독자에게 편하게 다가가는 책이 급증했다. 분위기가 바뀐 것이다. 단지 시대가 달라져서만이 아니다. 출판 시장이 보다 평평해지고 취향의 다양성을 반영한 새로운 출판 트렌드들이 분출할 수 있는 '무대'가 개정(현행) 도서정가제 이후 만들어졌기 때문이다. 작은 서점들이 주목한 책이 화제가 되거나, 동네책방을 위한 전용 도서를 출판사에서 발행하는 식으로, 예전에는 생각할 수 없었던 현상들이 생기고 참신한 기획과 시도들이 이루어졌다. 전체 출판 시장이 커진 것은 아니지만 이전에 비해 훨씬 역동적이고 활력이 넘치는 출판 시장 환경이 만들어진 것이다.

5. 책값 인상률 저하와 책값 거품 감소

책도 상품인 이상 책값이 인상 추세이긴 하지만 전체 소비자 물가에 비해서는 낮게 억제되고 있다. 2015년 기준(100.00) 2018년의 서적(전체) 물가지수(103.13)는 전체 소비자 물가지수(104.45)보다 인상률이 낮았다(통계청 물가지수). 2019년 역시 서적 물가지수(104.18)는 전체 소비자 물가지수(104.85)보다 낮았다.[29] 2015년 이후 4년 연속 이런 현상이 일관되게 지속되고 있다. 기준 연도인 2015년 대비 2019년 소비자 물가지수는 4.85% 상승한 반면 책은 4.18% 상승에 그쳤다. 출판 분야별로는 지난 4년 사이(2015 → 2019) 증감률은 유아용 학습교재 3.15%, 초등학교 학습서 13.24%, 중학교 학습서 6.23%, 고등학교 학습서 8.11%, 교과서 −23.85%, 대학교재 4.33%, 서적 2.94%였다.

또한 도서 전체의 실제 평균 정가는 2010년 1만2820원, 2014년 1만5631원, 2018년 1만6347원, 2019년 1만6486원으로 도서정가제 강화(2014년 11월) 이후 더 낮은 수준으로 올랐다(대한출판문화협회 납본 대행 통계). 평균 정가 상승률은 도서정가제 개정 이전인 2010년부터 2014년 사이에 21.9%였으나 개정 이후인 2014년부터 2018년 사이에 4.6%로 대폭 낮아졌다.

한편, 한국출판인회의가 2020년 8월에 실시한 설문조사에서, 서점·출판사(총 1001개사)의 52.3%는 2014년 이후 도서정가제가 '책값의 거품을 걷어내는 데 도움이 되었다'라고 응답했다. 거품 가격 방지에 '도움이 되었다'는 응답이 '도움이 안되었다'는 응답 비율의 2배 이상이었다.[30]

3장

'도서정가제 폐지'

청와대 국민청원의 진실

정부의 민관 협의체 합의안 재검토로 뜨거워진 정가제 논란[31]

최근 도서정가제 논란이 뜨겁다. 2014년 11월 21일부터 시행된 개정 도서정가제 관련 규정(현행 출판문화산업진흥법 조항)에 따라 3년 주기의 재검토 결정 시한이 임박했기 때문이다. 직전인 2017년에는 기존 규정과 거의 변화가 없는 '현행 유지' 결정을 했다. 할인율을 불허하는 이른바 '완전 도서정가제'부터 도서정가제를 폐기하자는 주장까지 스펙트럼이 넓은 이해관계자들의 입장 차이가 한 치도 좁아지지 않았기 때문이다. 양극단의 주장이 평행선을 달린다면 타협 선은 중간으로 정해지기 마련이다. 2014년의 정가제 개정 때 직접 할인 이외의 경제상의 이익이 기존 10%에서 5%로 정해진 것도 동일한 원리였다.

그런데 3년 전과 달리 2020년에도 '현행 유지'로 결론이 나는 듯하다가 묘한 기류 변화가 생겼다. 지난 1년간 16차례나 개최했다는 도서정가제 민관 협의체에서 할인율 등 핵심 조항은 손도 못 댄 채 재정가 책정 기간의 단축(18개월에서 12개월로), 도서관에 적용하던 마일리지(5%) 삭제 등을 뼈대로 삼아 큰 틀에서는 '현행 유지'가 합의됐다. 민관 협의체 구성원들의 사인만 남겨둔 상태에서 이뤄진 2020년 7월의 청와대 보고와 문화체육관광부 규제개혁위원회 검토에서 '소비자 의견'을 좀 더 고려하라는 권고가 내려지며 예정에 없던 재검토가 이루어졌다.

여기서 '소비자 의견'이란 지난해 '도서정가제 폐지 국민청원'(2019. 10. 14)이 20만 명 이상의 동의를 받으면서 문화체육관광부 장관이 직접 나서 원칙적인 답변(2019. 12. 12)을 할 수밖에 없었던 사안을 가리킨다. 도서정가제 폐지 의견이 국민청원 게시판에 올라간 것은 이미 여러 차례였지만 수십 명가량의 동의를 얻고 묻히는 수준이었다. 하지만 이때는 달랐다. 회원 수가 40만 명에 육박하는 네이버의 '이북카페'나 '완반모' 등에서 조직적으로 국민청원 동의를 독려했던 결과였다. 이를 주도한 이는 블록체인을 활용해 도서 할인 판매를 하는 앱 서비스 '인스타페이' 대표로 알려졌다.

한국출판인회의는 사안의 심각성을 인식하고 8월 3일 긴급 실행이사회를 열어서 한국서점조합연합회와 비상대책회의를 가질 것을 의결하고 이튿날 바로 양 단체가 만나서 출판 및 서점 업계를 넘어 출판문화단체가 연대한 비상대책위원회 구성을 결의하였다. 한국출판인회의의 제안으로 모인 출판·문화계 30여 개 단체는 8월 7일 대한출판문화협회에서 긴급 대책회의를 열고 공동대책위를 구성해 강력 대응해 나가겠다고 천명했으며 이 자리에서 한국출판인회의 김학원 회장은 △민간 협의체의 협의안에 대한 전폭 지지 선언 △협의안을 뒤흔든 것에 대한 강력한 유감 표현 △도서정가제 사수를 위한 공동대책위원회 구성 등을 제안하였다.

사실에 근거하지 않은 청와대 국민청원

그렇다면 '도서정가제 폐지 국민청원'의 내용은 무엇이었나? 핵심적인 주장은 개정 도서정가제 시행 이후의 서점 수 감소, 독서인구 감소, 책값 인상, 출판산업의 매출 규모 축소, 평균 발행부수의 감소 등이 모두 개정 도서정가제 때문이라는 것이다. 그래서 도서정가제가 "실패한 정책"이라고 단정하며 도서정가제 폐지를 강변한다. "책은 언제나 구할 수 있는 곳에서 저렴한 가격으로 공급되어야 한다"라는 의견도 친절하게 덧붙인다. 이제 청원인이 제시한 주장의 근거들을 하나씩 살펴보자.

① 서점 수 감소: 국민청원에서 청원인은 지역서점이 2014년 1625개에서 2017년 1535개로 감소했고, 전체 오프라인 서점 수는 2009년 2846개, 2013년 2331개, 2017년 2050개로 감소한 사실을 들었다. 하지만 청원인은 주로 학습참고서 없이 단행본 위주로 판매하는 독립서점 수가 2015년 97개에서 2018년에 416개로 증가한 사실은 빠뜨렸다. 이 숫자들만 놓고 보아도 지역서점 폐업 속도는 도서정가제 개정 이전에 비해 현격히 감소했고 독립서점은 증가하여 전체 서점 수가 증가했음을 알 수 있다. 한국서점조합연합회가 집계한 오프라인 서점 총 수는 2015년 2165개에서 2019년 2320개로 7.1% 증가했다. 퍼니플랜이 2020년 5월 기준으로 조사한 독립서점 숫자는 583개로 2015년의 101개 대비 477.2%나 증가했다.[32] 2014년의 개정 도서정가제 시행 이후 할인 경쟁이 줄어든 효과가 크게 작용한 결과이다.

② 독서율 감소: 청원인은 국민 독서율이 2011년 61.8%, 2015년 56.2%, 2017년 54.9%로 감소했다고 했다. 통계청의 〈사회조사〉 결과를 인용한 것이다. 문화체육관광부의 〈국민 독서실태 조사〉 결

과도 2013년 71.4%, 2015년 65.3%, 2017년 59.9%, 2019년 52.1%로 하락 추세가 확연하다. 그런데 독서율에 영향을 미치는 많은 요인 중에서 도서정가제가 차지하는 영향 정도는 얼마나 될까. 〈출판문화 생태계 발전을 위한 도서정가제 개선 방안 토론회〉(더불어민주당 노웅래 의원 등 주최, 2019. 9. 17)에서는 ㈜한국출판연구소가 〈개정 도서정가제 영향 평가 및 개선 방안 연구〉를 위해 도서 구매자 2000명 대상으로 실시한 설문조사 결과가 공개되었는데, 이에 따르면 도서정가제 개정 전후로 독서량 및 도서구입량이 변화(증가 또는 감소)된 주요 이유는(우선순위 3순위까지 복수응답) '본인의 사회생활 변화'(66.2%), '스마트폰 이용 등 매체 환경 변화'(61.8%), '독서 이외의 여가 활동'(59.9%), '가정환경 변화'(26.4%), '변화의 계기가 있어서'(19.2%), '도서정가제의 변화'(19.0%) 순으로 나타나 도서정가제에 의한 영향은 보기 문항 중 가장 적었다. 1순위 기준 백분율로는 '도서정가제의 변화'가 5.1%(독서량 및 도서구입량의 '증가'와 '감소'를 합한 수치임)에 그쳤다. 도서정가제 때문에 책을 덜 읽게 되었다는 단정은 설득력이 없는 셈이다.[33]

〈2019년 국민 독서실태 조사〉에서도 성인의 독서 장애 요인은 '책 이외의 다른 콘텐츠 이용'(29.1%), '일(공부) 때문에 시간이 없어서'(27.7%), '책 읽는 것이 싫고 습관이 들지 않아서'(13.6%) 순으로 나타났고 '책 구입이 경제적으로 부담이 되어서'라는 응답은 보기 문항 중 비율이 가장 낮은 1.0%에 불과했다. 책값이나 도서정가제가 독서를 막는 장애물이 아니라는 뜻이다.[34]

③ 책값 인상: 청원인은 도서 평균 정가가 2014년 1만5600원에서 2017년 1만6000으로 인상되었다고 제시했다. 참고로 2010년은 1만2820원, 2014년은 1만5631원, 2018년은 1만6347원이었다. 도서 평균 정가 추이를 보면 개정 도서정가제 시행 이후의 인상률이 개정 이전보다 오히려 더 낮았음을 알 수 있다. 또한 책도 상품인 이상 가격이 오를 수밖에 없지만, 전체 소비자 물가지수보다도 낮은 수준에서 억제되었다. 2015년 100.00 기준 대비 2018년의 전체 소비자 물가지수는 104.45인 반면 출판물 물가지수는 103.13이었다.

④ 출판산업 매출 규모 축소: 청원인은 2014년 출판사 매출 규모가 4조2300억 원이던 것이 2016년에는 3조9600억 원으로 줄었다고 제시했다. 하지만 문화체육관광부의 〈콘텐츠산업통계〉에 따르면 출판 시장 총 규모는 2010년 4조78억 원, 2017년 4조3388억 원으로 8.2% 성장했다. 올해 발표된 2018년 통계는 4조3940억 원으로 1년 전보다 1.27% 성장했고, 2010년 대비로는 9.6% 성장했다. 정가제 때문에 출판 시장

이 역성장했다는 것은 사실이 아니다.

⑤ **평균 발행부수 감소:** 청원인은 도서 초판 평균 발행부수가 2014년 1979부에서 2017년 1401부로 줄었다고 제시했다. 맞다. 하지만 도서정가제 개정 이전인 2010년의 2639부와 비교하면 2014년에 −25.0%의 감소율을 보인 데 비해, 2014년부터 2018년 사이의 감소율은 −19.0%로 오히려 줄었다. 정가제 강화의 역기능이 아니란 뜻이다. 무엇보다 청원인이 출판시장의 장기적인 다품종 소량 생산 추이를 이해하지 못한 채 단기적인 1종당 발행부수 감소만을 본 것은 오류다. 청원인은 출판 발행종수(납본통계 기준)가 2010년 4만291종에서 2014년 4만7589종, 2018년 6만3476종(참고로 2019년에는 6만5432종)으로 꾸준히 증가한 것에 대해서는 언급조차 하지 않았다. 감소한 숫자만 찾아 표기했을 뿐이다. 출판사 수의 증가(2014년 4만6982개, 2019년 6만2983개) 같은 지표도 있다.

⑥ **해외 사례:** 청원인은 외국의 경우 소비자의 책값 부담을 줄이기 위해 여러 장치들을 마련하고 있다고 했다. 이를테면 영미권에서는 저렴한 페이퍼백 출간, 일본은 저렴한 문고본 출간, 프랑스는 24개월이 경과된 책은 오프라인에서 제한 없이 할인해 소비자 부담을 줄인다고 예시했다. 영미권은 정

가제가 없지만 글로벌 출판 시장을 거느린 나라이고, 일본은 1억2600만 명의 인구를 가진 출판강국이다. 페이퍼백이나 문고본 같은 염가본 출판은 규모의 경제가 관건인데, 우리나라 출판사들도 여건만 되면 얼마든지 시도할 수 있다. 일부 출판사들은 오래전부터 이미 그렇게 하고 있지만, 1종당 초판을 평균 1500부(2019년 기준 1525부)밖에 발행하지 않을 정도로 채산성을 맞추기 어려운 환경에서는 언감생심이다. 페이퍼백으로 수지타산이 맞는다면 시키지 않아도 모든 출판사들이 뛰어들 것이다. 프랑스의 경우 2년 이상 경과한 책을 할인할 수 있도록 하지만 실제로 할인하는 책도 드물고 할인율 또한 미미하다. 이와 달리 우리나라의 경우 구간에 대해 무제한 할인을 인정하는 순간, 개정 정가제 이전까지 벌어졌던 할인 경쟁의 난장판이 다시 벌어질 것이다.

위에서 살핀 것처럼 청원인의 주장은 대부분 사실과 부합하지 않는다. 출판과 관련된 마이너스 수치들을 고르거나 착시 효과를 노려 도서정가제와 직결시키는 논리적 비약을 감행했다. 현행 정가제가 그 이름과 달리 '과당 할인율 제한 제도'에 그치는 상황에서 도서정가제(도서 가격 고정 제도) 자체의 문제인 것처럼 견강부회했다. 청원인은 그저 정가제를 없애자는 주장을 하고 싶어서 이를 뒷받침할 증거 자료들이 필요한 나

머지 몇 개의 수치를 맥락에도 맞지 않게 조합했다. 사실을 사실대로 보라고 일깨워주는 『팩트풀니스』부터 읽을 일이다.

언론의 팩트 체크에서도 '거짓'으로 드러나

정가제 폐지 청원에 많은 사람들이 동의한 데는 "도서정가제가 강화되면 웹툰 무료보기가 사라진다"는 등 근거 없는 가짜 뉴스의 영향이 컸다. 이에 대해 〈중앙일보〉 '팩트 체크' 기사(2019. 11. 2)는 "도서정가제 탓에 무료보기가 사라진다? 사실과 거리가 멀었다"는 제목의 확인 보도를 했다. 도서정가제 폐지 청원이 눈덩이처럼 불어난 데는 웹툰·웹소설 애호가들 사이에 돌았던 소문과 우려가 배경이 됐는데, 관련 온라인 커뮤니티 사이트에는 "도서정가제가 웹툰·웹소설에 적용되거나 완전 도서정가제가 시행되면 지금 같은 무료보기 서비스가 사라진다"는 근거 없는 주장이 이어졌다는 것이다. 이 기사는 "팩트 체크 결과 이는 사실과 거리가 멀었다. 웹툰·웹소설의 무료보기는 (판매에 해당하지 않아) 원칙적으로 도서정가제 대상이 아니기 때문이다"라고 적시했다. 〈노컷뉴스〉(2019. 12. 24) 역시 '팩트 체크'에서 "도서정가제 때문에 책값 오르고 독서인구 줄었다? 대체로 거짓"이라는 사실 확인 기사를 실었다.

즉 청와대 국민청원은 가짜 뉴스가 만든 하나의 해프닝에 지나지 않는다. 청원인이 사실과 맥락에 맞지 않는 일방적인 주장을 하고, 잘못된 정보가 사실인 양 퍼지면서 도서정가제에 관한 부정적 인식만 확산시킨 사례였다. 이를 두고 '국민의 정가제 반대 여론'이라 호도하는 것은 천부당만부당한 처사이다. 앞의 도서 구매자 조사에서 '동일 도서의 전국 균일가 판매 제도의 필요성'에 대해 '필요하다'(58.7%)는 의견이 '필요하지 않다'(20.5%)는 비율보다 3배나 높았다(⟨출판문화 생태계 발전을 위한 도서정가제 개선방안 토론회⟩ 자료집, 25쪽. 2019. 9. 17). 이것이 진짜 여론이다.

책 생태계 근간에 대한 정부 정책 명확해야

민관 협의체 운영에 대해서도 짚고자 한다. 이해관계자들의 입장을 조율하려면 각각의 그룹을 대표하는 단체 등이 골고루 포함되어야 하고 운영 과정 또한 공개되어 사회적으로 공유되어야 한다. 그래야 사회적 논의가 확장되고 일각에서 제기하는 '밀실 합의'라는 비판에서 자유로울 수 있다. 하지만 현행 논의 구조는 출판사, 서점(온·오프라인), 소비자 단체 중심이었고 후반에 전자책 단체가 포함된 것으로 알려졌다. 책을 쓰는 저자 단체, 책을 읽는 독자 단체, 공공 구매를 대표하는 도서관 단체는 논의 멤버에 포함되지조차 않았다. 물론 도서관 등의 이해관계자 그룹에 대한 별도 회의가 있었다지만 보조적인 것에 지나지 않는다. 특히 소시모(소비자시민모임) 등 소비자 단체가 두 곳이나 포함된 반면 능동적인 독자들을 대변하는 독서 단체는 한 곳도 포함되지 않은 것은 문제이다.

이와 관련하여 민관 협의체 운영으로 문제 해결을 도모하기 어렵다는 점도 지적될 필요가 있다. 즉 입장 차이가 뚜렷한 사람들을 모아놓고 의견을 모으는 방식으로는 어떤 전향적 성취도 불가능하다는 점이다. 현재의 논의 구도에서는 근본적으로 '현행 유지'의 틀을 벗어나기 어렵다. 문화체육관광부는 단순히 조정자 내지 3년마다 의무방어전을 주관하는 형식적 조정자 역할에서 벗어나야 한다. 프랑스, 독일, 스페인, 네덜란드, 스페인 등 출판 선진국들의 정부처럼 도서정가제에 대한 정책철학이나 정책 방향을 분명히 하고 '책은 우리 문화의 기본이고, 책의 유통 질서와 문화 다양성 보호를 위해 도서정가제는 문화정책의 바탕이다'라는 것을 명확히 해야 한다. 도서정가제 시행에 따른 문제점이 있으면 이를 보완하고 개선하면 된다. 지난 대선 때 국민의당 안철수 대선 후보는 완전 도서정가제를 정책 공약으로 내건 바 있다. 여러 권의 책을 쓴 저자이자 많은 책을 읽는 다독가 정치인이 책 읽는 사회를 만들겠다는 의지를 밝힌 것이다. 국가 문화정책의 백년대계를 좌우하는 정부가 왜 이런 일을 못 하는가.

'정가제'라고 하면서 15% 직간접 할인, 민간 협약에 의한 15%의 제3자(카드사 등)의 추가 할인까지 인정하고, 부가세 면제분까지 합하면 40% 할인을 허용하는 괴물 같은 가격 제도를 하루빨리 정상으로 되돌려야 한다. 15%의 직간접 법정 할인율을 명시하여 정가 책정 단계부터 그만큼의 책값 거품을 유도해서는 안 된다. 특히 종이책의 경우 정가제를 향한 사회적 합의를 위해 정부 정책의 혁신이 절실하다. 최소한 가짜 뉴스와 군중심리로 만들어진 국민청원을 정부 정책 방향의 잣대로 삼는 일만큼은 없어야 한다. 만약 옥석을 가리지 않고 황당한 국민청원 내용들을 모두 들어준다면 정당이나 대통령도 존재하기 어려울 것이다.[35] 청와대가 우려하는 것처럼, 만약 국정 지지율 하락에 도서정가제 논란이 영향을 미친다면 '정가제 강화'보다는 '정가제 폐지'가 미치는 부정적 영향력이 압도적으로 높을 것이다. 이 제도의 존폐에 생계와 삶을 걸고 있는 국민의 숫자부터가 근본적으로 다르기 때문이다.

4장

도서정가제 논란을

넘어서

1. 전자책의 도서정가제 적용

출판문화산업진흥법은 전자출판물에 대해서도 종이책과 동일하게 도서정가제를 적용한다. 세부 사항에 대해서는 문화체육관광부가 마련한 〈전자출판물 정가제 시행 지침〉(2012. 7. 27)이 가이드라인 역할을 한다. 이에 따르면, 2012년 7월 27일부터 시행된 전자출판물의 도서정가제 관련 조항은 전자출판물의 과도한 저가 경쟁을 막고 전자출판산업을 육성하기 위해 별도의 정가 표시 방법 등 구체적 정가제 적용 기준을 마련한다는 취지이다. 종이책에 준해 전자책 관련 법률 적용을 한다는 점이 특징적이다.

도서정가제 적용 대상이 되는 전자출판물의 범위는 출판문화산업진흥법에 따라 신고한 출판사가 발행한 전자출판물이면서 국제표준도서번호(ISBN) 또는 전자출판물 인증을 받은 간행물이다. 이 경우 전자책에 반드시 '정가'라고 표기해야 한다. 현행법의 도서정가제는 '판매'에 적용하는 것이므로 '대여'와 '월정액 서비스'는 해당하지 않는 것으로 본다. 다만 '대여'의 경우 민간 자율 협약으로 3개월까지 대여 기간을 제한한다.

현행법은 종이책과 전자책(전자출판물)의 매체 형태 구별 없이 도서정가제 조항을 동일하게 적용하고 있다. 인터넷과 스마트폰의 보편적 이용에 따라 종이책 기반의 전자책 이외에도 웹소설과 웹툰 등 다양한 형태의 전자책이 크게 활성화되는 추세이다. 독자가 전자책을 입수하는 방법도 낱권 또는 세트를 정가로 구매하여 콘텐츠를 '소유'하는 방식만이 아니라 대여나 구독 등의 서비스 형태로 콘텐츠를 '(유료) 이용'하는 방식으로 급속히 확산되고 있다.

출판계에서는 대여나 월정액 서비스가 도서정가제를 피해 할인을 하는 것이며, 저자나 출판사에 전혀 도움이 되지 않는 사업 모델이라고 비판한다. 또한 네이버, 카카오 등 대형 플랫폼들이 막강한 영향력과 대자본을 이용해 대대적인 무료 및 할인 이벤트로 전자출판 시장 전체를 흔들며 유통시장에 대한 장악력을 높여나가는 것에 큰 우려를 표한다. 그래서 웹툰, 웹소설 등 확장된 전자출판물이 모두 도서정가제 생태계 안으로 들어와 도서정가제 체계 안에서 공정한 콘텐츠 경쟁을 해야 한다고 강조한다.

웹소설과 웹툰은 출판문화산업 생태계의 일원으로서 정가제의 예외 적용이 확장되었을 때 전체 생태계에 미치는 영향을 함께 고민하고 협력해야 한다. 출판계는 대형 플랫폼과 중소형 플랫폼의 공존, 공정경쟁, 전자책 생태계의 다양성 유지를 위해 전자책에 대한 정가제 적용이 필수적이라고 인식한다.[36]

2. 앞으로의 도서정가제 정책 방향

• 지식문화 상품이자 공공재적 가치가 큰 책에 대한 할인 경쟁이 심할수록 출판 시장은 승자 독식으로 귀결된다. 할인 경쟁은 영향력이 있는 극소수 저자나 대형 출판사와 서점에는 유리할지 모르지만 출판 시장의 대다수를 차지하는 무명 저자, 중소 출판사와 동네서점을 무력화시켜 문화 다양성을 파괴한다. 독자의 책값에 대한 신뢰

도 사라진다. 할인을 예비한 거품 가격이 크게 형성된다. 결과적으로 책의 구매자인 독자가 가장 큰 피해자가 된다. 대가가 따르지 않는 할인은 없다. 명목상의 할인 여부보다 독자의 독서 환경, 독자의 다양한 독서권(책 읽을 권리)에 미치는 영향을 살펴야 한다. 책 생태계 이해관계자들은 물론이고 국민 다수가 바라는 도서정가제를 견지해야 한다. 이에 대한 사회적 인식 공유를 통해 소모적인 책값 논쟁에서 벗어나 출판문화 강국, 독서복지 강국으로 나아가야 한다.

- 도서정가제는 작은 출판사와 서점의 생존력을 높임으로써 문화 다양성 확대는 물론 일자리 창출과 지역문화, 지역경제 활성화에 기여한다. 현재 인터넷서점 점유율이 60%로 세계 최고 수준인 상황에서 동네서점들이 고사하도록 방치하는 것은 이와 반대로 가는 길이다. 인터넷서점은 충분히 영향력이 커졌고 자생력도 충분하다. 문화 다양성 확보, 온·오프라인 균형 발전과 동반성장, 지역문화 발전을 위해 정가제를 강화해야 한다. 우리에게는 구매 가격 차이가 없는 도서정가제가 필요하다. 동일한 책은 어디서나 같은 가격에 판매되어야 할 지식문화 공공재이다.

- 15% 직간접 할인이 가능한 현행 법제는 그만큼의 거품 가격을 미리 반영하게 하여 할인하는 외형만 취하는 독자 기만 정책이다. 같은 책은 전국 어디서나, 어떤 판매 방식에서든 동일한 가격으로 판매되어야 한다.

- 많은 사람이 현행 도서정가제를 두고 '일몰법' 또는 '한시법'이라고 잘못된 표현을 쓴다. 도서정가제에 대해 3년 단위로 문화체육관광부 장관이 재검토하도록 한 현행 출판문화산업진흥법 조항 때문이다. 하지만 재검토가 곧 일몰이나 한시 적용을 뜻하는 것은 아니다. 이 조항은 반드시 삭제되어야 한다. 3년마다 가격 제도 논란이 반복적으로 재연되어야 할 이유가 없을 뿐만 아니라, 장관의 의견이 현행법과 다를 경우에는 관련 조항을 고치기 위해 어차피 법 개정 절차를 밟아야 한다. 법 개정은 필요할 때 언제든 국회에서 하면 된다.

- 출판계는 독일처럼 모든 유통 경로에 공정하게 동일한 공급률을 적용하고, 각종 판매 이벤트에서도 유통 차별을 하지 않도록 노력하며 지혜를 모아나가야 한다.

- 우리나라 성인 독서율은 2013년 71.4%에서 2019년

52.1%로 지난 6년 사이에 20%포인트 가까이 추락했다. 이는 매우 다양한 요인이 작용한 결과이지만, 이러한 사태를 방치하는 것은 머지않은 장래에 국민의 지적 경쟁력과 나라의 국제 경쟁력 하락을 불가피하게 만들 것이다. 국민이 책 읽지 않는 나라의 미래는 암울하기만 하다. 국제 조사회사인 스타티스타(Statista)가 2017년에 조사한 「국제 독서 빈도 조사(Frequency of reading books in selected countries worldwide in 2017)」에서 한국인은 선진국 17개국 중 독서 습관 인구가 가장 적은 것으로 밝혀졌다.[37] 독서율을 끌어올리려면 튼튼한 책 생태계가 그 바탕이 되고 독서 생활화를 촉진하는 제도와 생활 밀착형 독서 프로그램이 활성화되어야 한다. 정부는 책 생태계의 기반인 도서정가제가 국민 독서 생활화의 사회적 토양이기도 하다는 점을 확실히 인식해야 한다. 다양한 저자, 출판사, 책과 서점을 바탕에 두지 않고 어떤 독서 진흥이 가능한가.

- 정부는 책이 문화의 기본이고, 도서정가제가 출판 시장의 유통 질서를 확립하는 데 핵심적인 요소라는 점을 분명하게 천명해야 한다. 도서정가제가 단지 출판산업 진흥을 위해서만이 아니라 국민과 독자를 위한 독서문화

의 바탕임을 명확히 해야 한다. 또한 사회와 매체 환경 변화에 조응하는 독서 정책, 출판 정책, 책의 르네상스 정책을 펼치기 위한 획기적이고 혁신적인 진흥 방안 마련에 나서야 한다. 국민 한 사람 한 사람의 미래, 대한민국의 미래를 위해 책만큼 중요한 원동력은 없다.

3. 책 읽는 사회를 향한 노력의 출발점, 도서정가제 확립

도서정가제는 도서 가격 제도 그 이상이다. 도서정가제의 최종적인 목적은 출판 유통 질서의 확립에 기반하여 국민 누구나 원하는 책을 공평한 가격에 편리하게 입수하여 읽을 수 있는 풍요로운 독서 환경을 만드는 데 있다. 약육강식에서 벗어나기 어려운 시장경쟁의 틀을 뛰어넘어 동일한 책의 가격이 어디서나 동일한 가격을 갖도록 함으로써 독자의 구입 여건과 무관하게 공정하고 평등한 책 구입 권리를 부여한다. 이는 창의력과 상상력이 요구되는 4차 산업혁명 시대를 살아갈 국민이 누려야 할 독서복지와 독서권(책 읽을 권리)을 공고히 하는 기본 중의 기본이다.

독서 인구가 갈수록 감소하는 환경이지만 책의 저작, 출판, 유통 경로의 다양성을 확장하는 것이 책 읽는 사회를 만드는 바탕이다. 그러기 위해서는 신인 저자가 등장하기 쉬운 환경을 만들고, 크고 작은 출판사와 서점이 공존하여 생산·유통의 다양성이 보장되어야 한다. 이처럼 독자를 위한 최선의 독서 환경 조성의 출발이 도서정가제이다.

도서정가제는 소수 언어권 책의 생태계를 지탱하는 주춧돌과 같다. 비영어권 국가 중 자국의 언어와 문화에 대한 자긍심이 높고 출판문화와 출판산업이 발달한 나라들에서는 대부분 도서정가제를 엄격히 준수한다. 이는 단순한 우연의 일치가 아니라 다품종을 소량 생산하는 책이라는 문화상품에 일물일가(一物一價)의 원칙을 적용하는 것이 합리적이기 때문이다. 특정한 책에 '하나의 책값'을 적용하는 것은 책이 일반적인 소비재와 달리 누구에게나 공평한 가격에 판매될 필요가 있는 공공재적 성격이 강한 정신적 재화임을 방증한다.

그런데 우리나라에서는 종이책과 전자책의 부가가치세를 모두 면제하면서 15%의 직간접 할인을 법률로 인정하고, 나아가 민간 협약으로 카드사 등의 제3자 할인을 15%까지 추가로 허용하는 식으로 왜곡되어 있다. 우리나라의 현행 도서 가격 제도는 '정가제'도 '자유가격제'도 아닌 기형적인 형태이다. 법정(法定) 허용 할인율은 그대로 거품 가격의 기준 지표가 된다. 15%만큼 직간접 할인될 것을 예비하여 가격을 붙이도록 유도하기 때문이다. 또한 도서 구매자에게는 도서정가제를 할인률 제한제로 인식하게 함으로써 소비자의 반발을 부르는 구조이다.

사람의 몸이 바르지 않을 때는 체형 교정이 필요하다. 그래야 건강하게 살 수 있다. 산업도 마찬가지이다. 도서정가제를 표방하면서 실상은 다양한 할인과 자유가격제 방식을 취함으로써 판매하는 곳마다 가격 차이가 적지 않다. 독자는 싼 값을 찾아 인터넷서점을 선호하게 되고 지역서점(독립서점)은 성장하기 어려운 이상 체형이 되어버렸다. 이런 구조에서는 적게 팔리는 좋은 책을 오랜 기간 전시·판매하는 지역서점(독립서점)이 버티기 어렵다. 그것은 출판사와 저자에게도 영향을 미쳐 악순환이 구조화된다. 제도가 산업의 기형화는 물론 성장을 방해하는 현실이다.

책은 물성(物性)이 있는 상품 그 이상이다. 인간이 생각하는 것, 긴 역사를 통해 이룬 것, 꿈꾸는 것을 온전히 기록하여 읽고 남길 수 있는 가장 완벽한 방법이 바로 언어·문자를 사용해 책으로 공유하는 방법이다. 책은 인류 최고의 발명품이자 인류를 증거하는 가장 완전한 수단이다. 우리나라 책의 평균 초판 발행부수는 약 1500부에 불과하다. 8만 종 이상의 신상품이 이렇게 적은 양밖에 생산되지 않는다. 출판 시장의 범위는 언어권의 제한으로 인해 대부분 국내로 제한된다. 출판은 채산성이 낮다. 대자본이 진출하지 않는 몇 안 되는 분야

중 하나이다. 이윤 추구가 목적이라면 기피해야 할 사업이다. 이 분야에서 사명감을 갖고 일하는 사람들이 작가, 출판인, 서점인, 도서관인이며, 이들의 존재 목적은 온전히 독자를 위한 것이다. 책이라는 지식문화 상품에 일반 소비재처럼 자유가격제를 적용하는 것은 극소수의 출판사와 서점만 생존하는 것이 바람직하다는 전형적인 자본의 논리요, 소규모 출판 시장의 발전을 거부하는 현실 부정의 관점이다. 책을 쓰는 사람(저자), 만드는 사람(출판인), 판매하는 사람(서점인), 공공 서비스를 하는 사람(도서관인), 읽는 사람(독자) 모두가 도서정가제를 바란다. 맹목적인 자유 경쟁과 소비자 논리로 이를 욕되게 하지 말아야 한다. 소비자의 진짜 이익은 다양한 출판사에서 적정 가격을 붙여 발행한 다양한 저자의 책을 다양한 유통 경로를 통해 손쉽게 입수해 읽는 것이다. 이제라도 도서정가제를 제대로 시행해야 한다. 책이 모두에게 향유되는 지식문화 공공재이자 미래의 희망이 될 수 있도록 튼튼한 날개와 최소한의 버팀목(도서정가제)을 붙여줘야 한다. 도서정가제 확립은 책 생태계의 상생 규칙이자 책 읽는 사회를 향한 노력의 출발점이다.

우리는 우리를 할인하지 않습니다

유희경(시인, 시집서점 위트 앤 시니컬 운영자)

저는 책을 쓰는 사람입니다. 한때 만드는 일을 했으며, 지금은 서점을 운영하고 있습니다. 누구나 그렇듯 책을 마주하고 서 있는 자리마다 달라지는 풍경을 봅니다. 대개는 어렵거나 더, 더 어려워지는 상황입니다. 그럼에도 변치 않는 것이 있습니다. 좋은 책이 보다 많이 읽히기를 바라는 마음. 책을 쓰고 만들고 돈을 받고 건네면서 이 바람만큼은 놓을 수가 없습니다.

책은 재화, 값을 치르고 팔고 사는 상품입니다. 이를 부정할 사람은 없습니다. 하지만 책의 가치가 온전히 돈으로 환산된다고는 결코 생각지 않습니다. 책은 독서라는 행위를 통해서만 비로소 '책'이 될 수 있습니다. 시대와 공간을 가로질러, 다양한 지식정보, 글과 그림이 빚어낸 무한의 상상력, 의미 있는 사유와 통찰이 켜켜이 쌓여가는 동안, 우리를 투영한 그 다양한 만듦새의 책은 다시금 우리 모두의 삶의 토대를 일구는 데 함께해 왔습니다. 우리 모두 그런 책을 원합니다.

도서정가제 폐지는 책을 책이 아니게 만듭니다. 6년 전 이미 우리는 그런 세상을 경험한 바 있습니다. 그 시장 논리에 의해 기획되고 저렴하게 만들어진 책을 당장의 싼값에 구입한 독자들은 이내 실망을 하고 맙니다. 실망스러운 책은 읽어봐야 소용없는 무용성의 종이 뭉치가 될 뿐입니다. 장식장의 장식품에 지나지 않습니다. 책은 필요한 것입니다. 과거를 돌아보고 현재를 점검하며 미래를 꿈꿀 수 있게 하는 데 제대로 만든 책 한 권만 한 것이 없습니다. 하여 다들 독서의 가치와 필요성을 역설합니다. 때로 지난하리만큼 반복되는 그 어려운 일이 우리가 더불어 사는 이 사회를 더 생각하게 만들고 더디지만 한 발 더 나아가게 해왔습니다. 그리고 독서는 책다운 '책'에서 시작됩니다. 책값은 뒤표지에 적혀 있는 숫자가 아니어야 합니다. 책에 담긴 가능성의 세계에서 취한 무형의 만족과 이로움이 앞서야 합니다.

도서정가제를 지켜주십시오. 저자가 안정적인 환경에서 집필에 집중할 수 있도록, 출판사가 다양하고 의미 있는 책을 정성껏 만들어낼 수 있도록, 작은 책방들이 독자들의 더 나은 독서 환경을 만드는 데 고심할 수 있도록 제대로 들여다봐 주십시오. 쓰는 사람도, 만드는 사람도, 읽는 사람도 온전한 책의 가치로 즐거움과 보람을 누릴 수 있어야 합니다. 책은 우리 자신입니다. 우리는 우리를 할인하지 않습니다.

도서정가제 지지와

연대의 목소리

출판 생태계 각 단체의 성명서와
입장문 전문

정부의 '도서정가제 보완 개선 합의안' 파기에 대한 한국출판인회의 입장

2020. 8. 6.

한국출판인회의

한국출판인회의(회장 김학원)는 최근 문화체육관광부가 2017년 개정 도서정가제에 대한 이해당사자 간의 보완 개선을 위한 그동안의 출판계의 지난한 노력을 무화시키려는 태도를 보이고 있는 것에 깊은 우려를 표명한다. 도서정가제에 대한 논의는 출판·온 오프라인 서점·소비자단체 등으로 민관협의체가 구성되고, 16차례 회의를 개최, 주요 쟁점 등을 정리, 국회 공개토론회 등을 거쳐 합의문 서명만 남겨둔 개정안이 만들어진 상황이었다. 이에 대해 정부가 갑자기 파기하려는 태도에 대해 당혹감과 함께 현 정부의 출판문화 정책이 올바로 가고 있는지 의구심을 가질 수밖에 없어 우리의 입장을 밝힌다.

1. 문화체육관광부는 민관협의를 통해 합의된 개선안 파기에 대해 명확한 설명과 향후 추진 방향에 대해 공식 답변을 하라!

도서정가제에 대한 이해당사자 간의 보완 개선을 위한 세부적인 논의를 위하여 문체부의 주도하에 민관협의체를 구성하고, 2019년 7월부터 2020년 6월까지 총 16차례 회의를 개최, 주요 쟁점 등을 정리하고 국회 공개토론회 등을 거쳐 만들어낸 개정안은, 도서정가제의 보완을 위한 출판계의 상호 이해와 조정의 결과물이다. 그런데 지난 7월 말 이런 과정에 대해 부정하고 재검토하려는 태도 변화의 근거 및 이유가 무엇인지 이해하기 어렵다. 지난 1년간 운영한 민관협의체 참여자(단체)에게 납득할 만한 설명이 있어야 함에도 협의체 소집을 거부하고 몇몇 단체에만 구두로 통보하는 행태에 대해, 우리는 어디서 어떤 일이 어떻게 벌어졌는가에 대해 의구심을 가질 수밖에 없기에, 문체부의 명확한 설명과 함께 향후 추진 방향에 대한 입장을 답하라는 공식 질의서를 8월 5일 문화체육관광부 장관에게 보냈다.

2. 도서정가제는 출판·서점 산업 발전과 창작 기반 조성 및 국민의 지식 창조력 향상을 위해 유익한 제도로 정착되도록 정부가 앞장서야 한다!

2003년부터 도서정가제가 법률로 제정되어 시행하게 된 것은 도서정가제를 통하여 문화 공공재인 책이 가격이 아닌 가치로 경쟁하도록 하려는 취지에서였다. 이 제도는 문화의 다양성 보장과 창작 의욕 고취와 소형 출판사 및 동네서점의 활성화를 통한 지식문화 기반을 강화하는 한편, 국민이 적정한 가격으로 다양한 책을 언제 어디서나 접할 수 있는 지식문화 향유권 확장을 통한 독서 증진에 이바지하는 제도로 정착되어 가는 과정이었다.

3. 출판·서점·작가 단체가 연대하는 '범 출판 문화계 비상 대책 기구' 구성, 강력 대응!

18년이란 긴 세월 동안 보완 개선되며 유지 발전된 도서정가제는 출판·서점업계, 특히 작은 출판사 및 동네서점에는 생존이 달린 중요한 사안이다. 출판문화 생태계를 지속가능하게 유지, 발전시키는 긍정적인 제도라는 점에서 이번 도서정가제 개정안이 훼손되거나 또 다른 저의가 있을 때는 총력을 다해 강력히 대처해 나갈 것이다. 이에 한국출판인회의는 긴급 실행이사회를 열어 대응책을 논의하는 한편, 한국서점조합연합회 회장단과도 긴급 회동하여 8월 7일 긴급 비상대책 회의를 개최하여 작가, 서점, 출판사 등이 참여하는 범 출판 문화계 공동 비상 대책기구 구성 등 향후 대응책 등을 논의하고, 강력히 대응해 나갈 것이다.

한국출판인회의 김학원 회장은 "촛불 혁명은 절차 민주주의, 선거 민주주의를 넘어 국민이 국가 운영의 참여 주체임과 동시에 입법, 사법, 행정 권력의 주권자임을 명시한 한국 민주주의 역사의 새로운 2기를 여는 전환의 시대를 열었다. 그 국민적 주권의 새로운 역사의 부름을 받아 출범한 정부가 소비자, 작가, 서점, 출판사 등 13개 민간협의체를 구성하여 21세기 디지털 환경 시대에 부응하는 지식 생태계를 만드는 도서정가제를 함께 토론하고 고민하며 2년 동안 16차례의 회의를 거쳐 합의한 과정을 무시하고 일방적인 '재검토' 지시를 내린 것은 시대를 거스르는 행정 권력 중심의 발상과 조치라는 점에서 깊은 실망감을 느끼며, 그 배경과 의도를 공식적으로 밝히기를 촉구한다"라면서 문화체육부 장관에게 공개 질의서를 보내는 한편, 지난 4일 서련 회장단과의 회동에서 7일 작가,

서점, 도서관, 출판, 소비자 단체들과의 확대 비상대책 연석회의를 제안했다.

한국출판인회의 도서정가제 비상대책위원회의 위원장인 박성경 한국출판인회의 유통정책위원장은 이번 사태에 대하여 "도서정가제는 출판사와 작가와 독자가 함께하는 출판 생태계의 생존을 위한 필수적인 생명 장치와 같기 때문에 업계의 합의안대로 관철되기를 호소하며, 만일 문화 공공재인 책의 가치를 훼손시키고 작은 출판사와 동네서점을 고사시키는 악법으로 간다면 모든 수단과 방법을 동원하여 저지시킬 것이다"라고 밝혔다.

도서정가제 개악에 반대하는
전국 동네책방들의 성명서

2020. 8. 19.

전국동네책방네트워크

2020년 7월, 3년마다 재검토를 거치는 도서정가제 관련 법규에 대해 문체부는 오랫동안 민관협의체의 의견 수렴을 거쳐 결정된 합의안을 무시하고 갑자기 도서정가제 전면 재검토를 통보했습니다. 이에 전국 100여 곳의 작은 책방들이 함께하는 전국동네책방네트워크(회장 정병규/이하 책방넷)와 뜻을 함께하는 단체들이 출판문화 생태계가 흔들리는 절체절명의 위기의식을 느끼고 도서정가제 개악을 막기 위해 아래의 성명을 발표합니다.

- **첫째,**

거짓 주장으로 소비자를 호도하여 도서정가제를 폐지하려는 이 들에게 엄중한 책임을 묻습니다!

2014년 개정된 현행 도서정가제가 완전하지는 않지만 여러 부분에서 긍정적인 효과를 가져왔음에도 지난해 일부 단체의 도서정가제 폐지 국민청원에 20만 명 이상이 동의했습니다. 그러나 그들이 주장한 청원 내용은 대부분 사실을 왜곡한 거짓 정보였습니다. 그럼에도 이를 근거로 합의안을 무시하고 현행 도서정가제 재검토를 통보한 문체부와 거짓 정보를 유포하여 소비자들을 기만한 단체에 엄중한 책임을 묻지 않을 수 없습니다.

청원의 주요 주장을 살펴보면, 2014년 개정 도서정가제를 시행한 후 지역서점 수 감소, 출판사 매출 위축, 도서 초판 발행부수 감소, 평균 책값의 상승, 독서인구의 감소 등으로 출판 독서 시장이 망가졌다고 주장하고 있지만 이는 전혀 사실이 아닙니다.

한국서점조합연합회에 따르면 전국 순수서점의 수는 1996년 5378개로 정점을 찍은 이후 20여 년 동안 감소세였지만, 2014년 개정 도서정가제 이후 감소 폭이 현저히 완화되었습니다. 이는 보다 강화된 도서정가제가 지역서점의 생존 여건을 조금이나마 개선했다는 방증입니다. 무엇보다도 2015년 101개에 불과했던 독립서점은 2020년 650개로 대폭 늘어났습니다. 신생 출판사 또한 2013년 4만4148개에서 2018년 6만1084개로 증가했고, 신간 발행종수도 2013년 6만1548종에서 2017년 8만1890종으로 늘었습니다. 이처럼 서점과 출판사의 청년 창업이 늘면서 풍성한 책 문화를 만들어내고 있습니다.

* 2013년 2331곳 → 2015년 2165곳 → 2017년 2351곳 → 2019년 2312곳(한국서점조합연합회 서점편람)
* 독립서점 수는 2015년 97곳 → 2019년 551곳으로 증가 (독립서점 정보 플랫폼 퍼니플랜)

도서정가제 때문에 독서인구가 감소했다는 말에 대해서도 독자개발 조사보고서인 〈읽는 사람, 읽지 않는 사람〉(책의해 조직위원회·문화체육관광부, 2018)에 따르면, 가장 큰 독서 장애 요인은 '시간이 없어서'(19.4%)이며, '책을 사는 비용이 부담스러워서'는 1.4%에 불과합니다. 문체부의 〈2019년 국민 독서실태 조사〉(2020)도 대동소이한 내용을 담고 있어 독서인구 감소에 가격 요인이 크지 않음을 입증하고 있습니다. 이렇듯, 현실적인 수치가 정확하게 존재함에도 불구하고 증거 없는 거짓 정보로 소비자들을 호도하여 국민청원을 주도한 주최측과 이를 묵인하고 도서정가제 개악을 도모하는 문체부에 엄중한 책임을 묻지 않을 수 없습니다.

• 둘째,
책은 후대에 전승될 문화공공재이므로 '저렴한' 가격이 아닌, '적정한' 가격에 공급되어야 합니다!

현행 도서정가제는 출간 직후 10% 할인과 5% 적립을 허용하여 여전히 온라인 서점 쏠림 현상을 낳고 있습니다. 더구나 온라인 서점의 배송비 무료와 카드 할인 역시 오프라인 서점들의 생존을 더욱 어렵게 만드는 역할을 하고 있습니다. 이렇게 불완전한 도서정가제임에도 15%로 할인을 묶어둔 최소한의 안전장치 덕분에 전례 없는 독립서점들의 증가세와 그로 인해 나날이 풍성해지는 책 문화는 우리나라 출판 생태계의 발전에 크게 기여해 왔습니다.

거짓 정보에 기반하여 할인율만 높인다면 결국 출판사들은 할인에 준하여 가격을 더 높이 책정할 수밖에 없고 이는 결국 소비자를 기만하는 행위일 뿐입니다. 대형 서점보다 비싸게 공급받는 도서들로 인해 할인을 하고 싶어도 할 수 없는 동네책방들이 당면한 부당한 현실을 개선하기는커녕 지금의 정가제마저 무너뜨리려는 시도는 전국 동네책방들의 줄폐업과 양서를 펴내는 소규모 출판사들의 도산으로 이어질 것입니다. 이것이 정녕 지금의 민주 정부가 원하는 일인지 묻지 않을 수 없습니다.

우리가 전국 곳곳에서 만난 독자들은 싼 가격만으로 책을 구매하지 않습니다. 그리고 좋은 콘텐츠를 담보한 책이라면 기꺼이 제값을 주고 사겠다는 많은 독자들이 도서정가제를 지지하고 있습니다. 실제로 2019년 9월 성인 도서 구매자 2000명을 대상으로 실시한 여론조사에서도 도서정가제에 대한 긍정여론(59%)이 부정여론(21%)보다 높았습니다(국회 노웅래 의원 외 〈출판문화 생태계발전을 위한 도서정가제 개선 방안 토론회〉 자료집, 25쪽).

책은 단순한 상품이 아니라 문화 공공재입니다. 문화상품이기에 부가세가 면제되고 국가가 돈을 들여 도서관을 운영하며 출간된 모든 책들은 국립중앙도서관에 후대를 위해 보관됩니다. 그러므로 문화 공공재로서 책은 '저렴한' 가격이 아닌, '적정한' 가격에 공급되어야 하며, 책이 적정한 가격에 팔려야 책 생태계의 선순환과 지속가능한 발전이 이루어질 수 있음을 명심해야 합니다.

- **셋째,**

진정 소비자를 위하고 출판문화생태계를 살리는 완전도서정가제 실행을 강력히 주장합니다!

경제개발협력기구 36개 나라 대부분은 완전도서정가제를 시행하고 있습니다. 역사적으로 세계의 도서정가제는 유럽의 출판 선진국들을 중심으로 발전되어 왔습니다. 프랑스, 독일, 북유럽 대부분 나라들은 완전도서정가제가 잘 이루어지고 있습니다. 특히 프랑스는 책방이 문을 열면 이자 없이 10억 원가량을 평생 대출해 주고, 2014년에는 이른바 '반아마존법'을 시행하여 오프라인 서점에서만 정가의 5% 이내 할인과 무료 배송을 허용하고, 온라인 서점에서는 일체의 할인을 금지하여 자국의 동네책방들을 보호하고 있습니다. 일본 역시 강력하게 100% 정가제 구조를 유지하는데 저자, 출판사, 서점, 독자 모두 이에 불만이 없으며 동네책방을 지키기 위해 일부 대학에서는 대학 내에 책방을 열지 않습니다. 완전정가제를 실행하는 독일은 온라인 서점과 동네책방에 제공되는 공급 가격을 차별하지 않도록 국가가 관리하여 동네책방들의 이익을 보장해주고 있습니다.

반면, 중국은 도서정가제를 없앤 후 온라인 서점들의 과도한 할인 경쟁으로 많은 출판사와 서점들이 문을 닫고, 출판 생태계가 붕괴 직전으로 몰리자 이제야 다시 도서정가제 도입을 서두르고 있습니다. 우리 역시 과거 중국과 같은 경험을 겪었음에도 출판 생태계를 붕괴시키는 정책을 다시 반복하려는 것이 과연 옳은 일입니까? 어려운 현실 속에서 책을 만들고 책을 판매하는 출판계 수천여 곳의 소상공인들을 죽이고, 대형 서점과 온라인 서점의 독과점에 더 힘을 실어주려는 잘못된 정책을 도모하는 것이 정녕 이 나라가 가야 할 길이 맞습니까?

수준 높은 독서문화와 건강한 출판 생태계를 위해서는 대형 서점과 동네책방 모두 공존할 수 있는 정책을 펴야 합니다. 그리고 그러한 정책이 우리 사회에 꼭 필요한 양서를 펴내는 출판사들과 지역 문화를 견인하는 개성 넘치는 책방들의 생존을 담보하여 풍성한 책 문화가 꽃피는 데 든든한 뒷받침이 되어야 합니다. 도서정가제가 흔들리면 힘없는 출판사들과 동네책방들이 가장 먼저 흔들립니다. 도서정가제가 사라지면 전국 수천여 책방들과 소규모 출판사들도 함께 사라집니다. 부디 문화강국 대한민국의 미래를 위해서 어떤 결정이 현명한 선택인지 진지하게 자문해 보시길, 그래서 힘겨운 현실에도 오늘도 책방 문을 여는 수많은 이들의 외침을 외면하지 않기를 다시 한번, 강력히 호소합니다.

열악한 환경 속에서도 전국 곳곳에서 밤늦게까지 불을 밝히며 새로운 책 문화를 만들어가고 있는 전국 동네책방들은 생존을 위협하는 모순적인 정책 앞에서 더 이상 침묵할 수 없어서 전국의 작은 목소리들을 모아 크게 외칩니다.

동네책방이 모두 사라진 세상, 그것이 진정 대한민국이 원하는 세상입니까?

이상, 성명서 발표를 마칩니다.

전국동네책방네트워크, 한국서점인협의회, (사)어린이도서연구회, 어린이문화연대, (사)어린이와작은도서관협회, 어린이청소년책작가연대, 인문사회과학출판인협의회, 전국북스테이네트워크, 그림책협회, 한국지역출판연대, (사)행복한아침독서 경기도/헤이리동화나라, 경기도/ 쩜오책방, 서울/책방이음, 경기도 김포/코뿔소책방, 울산/책방다독다독, 대구/ 책벌레, 충북/심심한책방, 경기도/근근넝넝, 전라도 광주/동네책방숨, 대전/다다르다, 경상도/봄날의책방, 충청도/천안곰곰이, 경기도/북유럽(Book You Love), 경기도/행복한책방, 서울/동네책방개똥이네책놀이터, 제주도/무명서점, 부산광역시/스테레오북스, 경상도/소소밀밀, 서울/이루리북스, 경기도/쩜오책방, 서

울/악어책방, 서울 강동구/순정책방, 서울/클래식북스, 서울/
콕콕콕, 경남 김해/인문책방 생의 한가운데, 서울/책인감, 부
산/책마을, 경기도/머내책방 우주소년, 경상도/숨북숨북, 인
천/딸기책방, 광주광역시/러브앤프리, 충청도/책방카페에書,
전남순천/책방사진관, 광주광역시/타인의책 지음책방, 부산/
강아지똥, 인천 /책방산책, 인천광역시/우공책방, 제주도/파
파사이트/홍영주, 경기도/리브레리아Q, 충청도/앨리스의 별
별책방, 경기도 파주/평화를 품은 책방, 인천광역시/책방시점,
전북/서점카프카, 전북/책방토닥토닥, 강원도/책방나무야, 경
기도/행복한책방, 경기도 화성시/모모책방, 경북 포항/달팽이
책방, 전남/골목책방_서성이다, 충청도/숲속작은책방, 서울/
꽃피는책, 전라남도/도그책방, 서울/날일달월, 부산/동주 책
방, 광주광역시/소년의서, 전라도/책방 퐁당퐁당, 경기도/곰
씨네그림책방, 서울/스토리지북앤필름, 전라도/심다, 광주광
역시 /사이시옷, 부산/북카페백경, 서울/바람길, 경상도/그니
여비그림책방, 충청도/버찌책방, 경기도/브로콜리숲, 경상도/
책과아이들, 광주광역시/예지책방, 경기도 용인/토닥샘 심리
상, 용인/담소책방, 전라북도/잘익은언어들, 충청도/가문비나
무아래, 제주/그림책방&카페노란우산, 부산/그림책방 dear,
강원도/완벽한날들, 부산/비온후책방, 서울 영등포/노른자책
방, 인천/나비날다책방, 인천/마쉬, 경기도/마그앤그래, 전주/

살림책방, 제주도/북살롱이마고, 경상도/동네책방00협동조합, 서울 용산구/정선정/사슴책방, 제주도/달리책방, 인천시 /책방국자와주걱, 제주/제주풀무질, 서울/조은이책, 제주도/라바북스, 서울/꼬리달린책방, 서울/북티크, 전라도/소소당, 경상도/숲으로 된 성벽, 서울/그림책방 곰곰, 경기도/다즐링북스, 제주도/디어마이블루, 전라북도/혁신책방 오래된새길, 제주도/책약방, 전북/책방 같이[:가치], 제주/림책카페노란우산, 경기도 성남/그림책NORi, 경상도/남해산책, 제주도/카페동경앤책방, 제주도/보배책방, 경상도/민들레글방, 부산/북살롱부산, 충청북도/책이있는글터, 충청북도/꿈꾸는책방, 제주도/책방오늘, 순천시/골목책방_서성이다, 부산/책방밭개, 부산/책방숲, 부산/카프카의 밤, 경기도/타샤의책방, 제주도/여행가게, 제주도/한뼘책방, 전라도/마리서사, 제주/삼춘책방, 제주도/만춘서점, 제주/책약방, 광주광역시/리을피읖, 제주/키라네책부엌, 제주도/책방 소리소문, 목포/동네산책, 강원도/깨북, 부산/취미는 독서, 제주도/시인의집, 전북/에이커북스토어, 제주도/책자국, 경기도/수상한책방, 광주광역시/책과생활, 부산/취미는 독서, 부산/주책공사, 경기도/좋은날의 책방, 경기도/꿈틀책방, 대전/우분투북스, 재주도/아무튼책방, 제주도/책방무사, 제주도/시옷서점, 경기 김포/쓸딴스 북카페, 제주/아베끄, 강원도/한뼘서점, 전남/골목책방서성이다, 경기도/세런디피티 78, 경상북도/오늘은책방, 충청도/오래된 미래, 광주광역시/연지책방, 수원/청명book로, 서울/이후북스, 광주/파종모종, 경남/안녕고래야, 부산/마이유니버스, 충청도/두루미책방, 제주도/밤수지맨드라미, 서울/프루스트의 서재, 부산/예쁜책방 헤이즐, 경상도/주책방, 부산/비온후책방, 서울/책방 연희, 서울/카모메그림책방, 충청도/오래된 미래, 경기도/의정부 인생서점, 파주/책방블루, 서울시 마포구/에코슬로우, 경기도/행복한책방 파주, 서울/안도북스, 서울/백호서점문구, 경기 용인/생각을담는집, 제주도/만춘서점, 부산/나락서점, 부산/녹색광선, 서울/영화책방35mm, 파주/오래된서점, 제주도/책방오후, 서울/진부책방, 제주도/책방오후, 전라북도/책방놀지, 인천/서점안착, 대전시/머물다가게, 제주도/주제넘은서점, 광주광역시/검은책방 흰책방, 제주/윈드스톤, 인천/연꽃빌라, 전남/지구별서점, 서울/이루리북스, 제주시/북스페이스 곰곰, 강원도/서툰책방, 경기도/토닥토닥괜찮아, 제주도/어떤바람, 서울/봉투북스, 제주도/돈키호테북스, 서귀포/인터뷰, 서울/새벽감성1집, 서울/지금의 세상, 동작구), 광주광역시/책인클래스, 서울/엠프티폴더스, 대전/충청도/노란우산, 대전/잠시서점, 대전/책방 행복의온도, 서울 서초구/ 책방오늘, 대전/프레드릭희망의씨앗 협동조합, 대전/한쪽가게, 충청도/마르타의서재, 세종시/단비책방, 서울시 마포구/공상

온도, 충청도 대전/가까운책방, 부산시/책방 한탸, 부산/곰곰이, 충청도/책방채움, 대전/이도저도, 대구/커피는 책이랑, 경상도/고양이쌤책방, 경북 포항/ 달팽이책방, 경기도 양평/글헤는밤, 전주/물결서사, 부산/책방여행하다, 대구/진책방, 경기도/오월의푸른하늘, 경북/책봄, 대구/그레타책방, 제주도/시옷서점, 전주/책방 같이[:가치], 서울/서울의 시간을 그리다

경기서적, 경인문고, 계룡문고, 국민도서, 그랜드문고, 꿈꾸는책방, 남문서점, 노원문고, 다사랑문고, 당진서점, 대전타임문고, 동탄삼성문고, 범계문고, 불광문고, 삼일문고, 서창문고, 세종서관, 영주샘터서점, 수지문고, 순천중앙서점, 시민문고, 안산대동서적, 엘지문고, 영동문고, 예림문고, 용인문고, 원주북새통, 중원문고, 진주문고, 책이있는글터, 처용서림, 플러스문고, 한가람문고, 한길문고, 한라서적타운, 한려서점, 한양문고, 햇빛문고, 형제서점, 호남문고, 홍익문고

도서정가제 합의안 이행을 거부하는 청와대와 문체부 규탄 성명서

2020. 8. 19.

도서정가제 사수를 위한 출판 · 문화계 공동대책위원회

오늘 우리는 도서정가제 사수를 위해 이 자리에 모였다. 우리는 민주시민사회의 번영과 삶의 질을 높이는 데 책이 갖는 소중한 가치를 알고 있다. 그리고 이처럼 소중한 책 문화의 발전에 도서정가제가 중요한 버팀목 역할을 한다는 사실을 깊이 공감하고 있다. 이에 우리 〈도서정가제 사수를 위한 출판·문화계 공동대책위원회〉는 도서정가제 합의안 이행을 거부하는 청와대와 문체부를 강력히 규탄한다.

청와대와 문체부는 지난해 7월부터 〈도서정가제 민관협의체〉TF를 주도적으로 운영, 16차례에 걸친 의견 수렴과 토론을 통해 합의안을 마련, 지난 7월 15일 〈도서정가제 개선을 위한 공개토론회〉에서 이를 공표했다. 그런데 최근 갑자기 태도를 바꿔 도서정가제 합의안에 대한 전면 재검토 방침을 통보해 왔다.

청와대와 문체부는 보도자료를 통해 민관협의체 합의 사항을 파기하고 전면 재검토한다는 것은 사실이 아니라고 변명하였다. 민관협의체의 합의 사항을 재논의하고 개선안을 내놓겠다는 것이 기존 협의안에 대한 파기가 아니고 무엇인가?

재논의가 필요하다면 기존의 TF를 재가동하면 된다. 의견 수렴이 필요하다면 TF 안에서 진행하면 된다. 합의안과 TF의 존재를 부정하는 청와대와 문체부의 입장은 출판문화계의 합의보다 청와대와 문체부의 주장을 관철하여 일부의 이익만을 보호하려는 정책적 독선으로 볼 수밖에 없다.

〈도서정가제 사수를 위한 출판·문화계 공동대책위원회〉는 청와대와 문체부의 이러한 행태에 분노하며 다음과 같이 요구하는 바이다.

하나. 청와대와 문체부는 도서정가제의 근간을 흔드는 밀실

행정을 중단하라.

하나. 청와대와 문체부는 도서정가제에 대한 기존 합의를 존중하고 이행하라.

대한출판문화협회, 한국출판인회의, 1인출판협동조합, 인문사회과학출판인협의회, 책읽는사회문화재단, 한국도서관협회, 한국서점조합연합회, 한국서점인협의회, 한국서적경영자협의회, 전국동네책방네트워크, 한국작가회의, 한국문인협회, 한국학술출판협회, 한국과학기술출판협회, 한국기독교출판협회, 불교출판문화협회, 한국대학출판협회, 한국아동출판협회, 한국전자출판협회, 전자출판협동조합, 한국웹소설협회, 한국대중문학작가협회, 한국출판영업인협의회, 학습자료협회, 한국중소출판협회, 대한어린이출판연합회, 청소년출판협의회, 청소년출판모임, 한국어린이출판협의회, 어린이도서연구회, 어린이와작은도서관협회

한국서점인협의회
호소문

2020. 8. 22.

한국서점인협의회

소식을 전해 들은 것은 긴 장마 중이었습니다.

민관협의체의 의견 수렴을 거쳐 마련한 도서정가제 합의안이 반려되었다는 소식을 들었습니다. 어떤 마을은 물에 잠기고, 어떤 저수지의 뚝은 터져서 오래 다져온 삶이 쓸려 갔다는 안타까운 소식과 함께였습니다. 수많은 사람이 고통의 무게를 견디지 못하고 무릎을 꺾고 주저앉았을 겁니다. 동네서점인들에게 할인 폭 확대를 전제로 한 '합의안 반려' 소식은 하늘이 무너지고, 삶의 터전이 쓸려 나가는 고통과 크게 다르지 않았습니다. 물에 젖어 전해지는 모든 소식이 버거웠습니다.

일부의 주장과 달리 일정한 할인을 전제로 시행된 현행 도서정가제는 부족하나마 작은 책방들이 버티고 견디는 힘이 되었습니다. 완전정가제로 가는 과정이라는 믿음을 키우고 새로운 가능성을 일궈가는 꿈이 되기도 했습니다. 현행 도서정가제가 열어준 그 '가능성의 공간'에서 사람들을 만났습니다. 문화공동체의 내일을 그려보기도 했습니다. 그 '가능성의 공간'은 서점뿐만 아니라 여럿에게 희망이었습니다.

한 줄 글을 지어내기 위해 수많은 책더미 앞에서 저자는 산고의 시간을 견디는 내내 미래를 꿈꾸고 설계하는 일로 얼마나 즐거웠는지요. 한 줄 한 줄, 문장의 힘이 빠지거나 비뚤어지지 않도록 다듬고 정리하는 출판인들은 잉크가 입혀지는 종이 냄새를 맡으며 얼마나 행복해했는지요. 그 책을 받아 든 서점인들은 짓고 만드는 이들의 아름다운 마음이 훼손되거나 덜어지지 않도록 다채로운 행사와 장치를 마련하면서 기쁨을 감추지 못했습니다. 독자들 또한 마음 깊이 평화로운 세상을 새기며 벅차오르는 감동으로 여러 날을 행복하게 지낼 수 있었습니다. 모두가 행복했습니다.

우리는 '소비자 후생'이란 말의 의미를 정확히 알지 못합니다. 다만, 책을 읽는 독자들은 '소비자'로 취급되는 것이 몹시

불편합니다. 책의 내용보다는 값의 할인에 예민한 사람들로 취급받는 것 같아 못마땅합니다. 책은 소비하는 것이 아니라 읽고 나눠서 보태고 자라게 하는 것이라 믿기 때문입니다. 설마 작가와 출판사 그리고 서점과 독자 모두가 즐겁고 행복한 시간과 공간을 모두 없애버리고 할인 폭만 높이면 어떤 출판물이든 상관없다는 무자비하고 몰상식한 생각을 뜻하는 것은 아니겠지요.

이 글은 날 선 성명서가 아닙니다. 글을 읽고 기쁨을 느끼는 모든 분께 드리는 호소문입니다. 이유는 우리 모두가 함께 살아가야 할 '우리'이기 때문입니다. 독점 구조를 만들려는 소수의 욕망과 결탁하여 문화적 안전지대인 서점을 몰락의 길로 몰아가지는 않으리라 믿기 때문입니다. 전대미문의 코로나 상황이 남긴 상처가 깊습니다만 교훈 하나는 새겨둘 만합니다. 함께 안전하지 않으면 모두가 위험해진다는 사실입니다. 호소합니다.

민관합의체의 합의 내용을 존중해 주십시오. 독자에게 돌아갈 혜택을 생각하신다면 완전정가제를 위한 보완을 부탁드립니다. 한국서점인협의회 일동

도서정가제 개악에 반대하는
한국작가회의 성명서

2020. 8. 31.

한국작가회의

　한국작가회의는 지난 7월, 문화체육관광부(이하 문체부)가 돌연 통보한 도서정가제 재검토 방침에 대해 심각한 우려를 표명한다. 2003년 처음 시행된 도서정가제는 3년마다 개정되어 오는 동안 단순화된 시장경제 논리로부터 출판계 전체의 다양성을 보호하는 최소한의 방어막이 되어 왔다. 세상에 완벽한 법과 제도는 없다. 가장 최근인 2014년 개정된 현행 도서정가제 역시 만족스러운 제도는 아닐 것이다. 그러나 도서정가제가 중소형 출판사와 서점 등이 상생할 수 있는 최소한의 안전장치임을 증명하는 결과는 적지 않다. 도서정가제는 서점과 출판계에 만연했던 가격 경쟁을 완화하는 데 일조했으며 이에 따라 전국적으로 개성 있는 출판사와 독립서점 등이 늘어나고 있다.

독서의 본질은 우리를 망설이고 고민하게 만드는 데에 있다. 책이 그저 단순한 상품이 아닌 이유는 책 속의 작은 목소리들이 우리를 돌아보도록 하기 때문이다. 한때 동네 골목에는 작고 개성적인 서점들이 있었다. 구독하던 잡지를 사러 발매일에 뛰어가던 서점이 있었다. 서점의 유리창에 붙어 있는 포스터를 물끄러미 보면서 생각에 잠기기도 했다. 우리는 온라인으로 손쉽고 값싸게 책을 살 수 있게 된 대신에 직접 책을 만져보고 책을 살까 말까 망설이던 시간을 잃었다. 순위표에 오른 인기 있는 책을 손쉽게 살 수 있는 편리한 세상은, 작은 서점 주인이 고민 끝에 진열해 놓은 작고 개성 있고 의미 있는 책들을 접할 수 없게 만들었다.

우리는 우리의 노동력을 서로 착취하는 것을 방지하기 위해 최저임금제를 시행하고 있다. 그렇다면 도서정가제가 무엇을 방지하고자 시행되고 있는지 역시 자명해진다. 도서정가제 때문에 이제 간신히 작은 서점들이 기지개를 켜고 있다. 도전적인 목소리를 가진 작가들이 다시 펜을 쥐려 힘을 얻고 있으며, 다양한 내용과 판형을 실험해 보려는 출판사들이 늘어나고 있다.

도서정가제는 작가들의 권익 신장에도 상당한 영향력을 행사한다. 작가들의 기본적인 인권이자 재산권인 저작권을 시장 경제의 폭압 속에서 보호해 주는 것이다. 정말 좋은 문학작품은 시장 가치가 아니라 정신 가치를 통해 자리 잡는다. 도서정가제를 포기하는 것은 그나마 되찾은 작가들의 권리를 빼앗기는 셈이 된다. 한국작가회의가 도서정가제 개악에 반대하는 이유는 이처럼 명확하다.

　우리는 문체부가 도서정가제의 목적이 무엇인지 다시 한번 분명히 인식할 것을 촉구한다. 도서정가제는 출판의 다양성뿐 아니라 독자와 작가의 권익을 위해서도 매우 중요한 정책이다. 만일 건강한 출판문화를 훼손하는 사태가 앞으로도 계속된다면 한국작가회의 소속 작가들은 이를 결코 좌시하지 않을 것이며 즉각 행동에 나설 것임을 밝힌다.

도서정가제에 대한
전국 서점인들의 호소문

2020. 8. 31.

한국서점조합연합회

　존경하는 문재인 대통령님께!

　안녕하십니까. 저는 ○○에서 지역서점을 운영하는 ○○서점 ○○○ 대표입니다.

　대한민국의 국민으로 이렇게 대통령님께 서신을 보냅니다. 또한 전국 지역서점인들의 절박한 목소리를 들어주시길 바라며 펜을 들었습니다.

　현행 도서정가제 속에서 힘들게 버티고 있는 지역서점들이 11월 24일 개정을 앞두고 출판문화산업 진흥을 위해 발전적 방향으로 개정이 아닌, 소비자 후생을 명목으로 오히려 정가제가 후퇴하는 방향으로 개정되려 하는 것에 절대적으로 반대의 마음을 전합니다.

도서정가제는 단순히 출판·서점계를 위해 '할인율'만 조정하는 제도가 아닙니다. 책을 사랑하는 독자들에겐 많은 작가들의 다양하고 좋은 책들을 접할 수 있는 환경을 만들어주고, 그 책들이 적정한 가격으로 대형 서점·온라인 서점만이 아닌 내가 사는 동네에 있는 서점에서 직접 만져보고 골라 읽고, 구입할 수 있는 기회를 지켜내는 제도입니다.

도서정가제 개정을 위해 문체부에서 민관협의체를 구성하여 지난 1년여 동안 16차례 회의를 통하여 합의한 내용을 존중해 주시고, 출판문화산업 진흥에 맞게 문화를 발전시키는 방향으로 도서정가제가 개정되길 간절하게 희망합니다.

마지막으로 지금도 코로나19 상황으로 전 국민이 힘들게 버티고 있는 때에, 전국의 지역서점들도 힘들지만 동네 문화거점으로 자리를 지켜낼 수 있도록 민관협의체가 도출한 도서정가제 합의안대로 시행될 수 있도록 간곡히 부탁드립니다.

도서정가제 사수를 위한
한국출판인회의 입장문

한국출판인회의

　지난 7월 문체부가 도서정가제에 대한 민관협의체의 합의 안을 무시하고 도서정가제 전면 재검토를 일방 통보한 이후, 한국출판인회의는 이 시점에서 출판 생태계 지킴이라 할 수 있는 도서정가제를 사수해야만 하는 절박하고 근원적인 이유 에 대해 입장을 밝힙니다.

1. 도서정가제가 없어지면 동네 책방이 사라집니다.

　도서정가제의 약화는 동네 책방들을 고사시킬 것입니다. 최근 도서정가제를 지키기 위한 동네 책방들의 투쟁이 뜨겁게 진행되고 있는 것은 동네 책방들이 처한 상황이 얼마나 절박한 것인가를 보여줍니다. 50평 미만의 동네 책방은 전국 서점의 73%(1500여 개)에 해당하며 지역사회의 정신적·문화적 네트워크를 지키면서 책과 일상적 삶을 연결해 주는 귀중한 장소입니다. 어려운 여건 속에서 작은 책방이 우리 동네 골목 한 귀퉁이를 지키고 있는 것은 도서정가제의 보이지 않는 큰 힘 때문이었습니다.

2. 도서정가제가 없어지면 작은 출판사가 사라집니다.

우리나라 출판사 70% 이상은 1년에 5종 이하의 책을 만드는 작은 출판사들입니다. 작은 출판사들은 출판의 다양성을 지키고 새로운 필자와 독자들을 탄생시키는 핵심적인 역할을 담당하고 있습니다. 출판 시장의 양극화가 심화하는 중에도 출판을 하겠다는 사람들의 도전이 이어지는 것은 도서정가제라는 든든한 버팀목이 있기 때문입니다. 도서정가제가 없어진다면 새로운 출판에 도전하는 사람들의 용기와 의지가 꺾일 것이고, 작은 출판사의 참신하고 다양한 기획은 줄어들게 되며 출판 시장의 획일화와 양극화는 심화될 것입니다.

3. 도서정가제가 없어지면 내가 읽고 싶은 책이 사라집니다.

도서정가제는 단지 출판사들의 이해관계로만 성립되는 사안이 아닙니다. 하나의 책이 적정한 가격으로 어디서나 동일하게 대접받을 수 없는 상황에서 출판사는 새로운 기획을 하기 어렵고, 새로운 작가들에게 과감하게 기회를 제공할 수 없습니다. 신간이 팔리지 않는 시장이라면 출판사는 다양하고 유의미한 신간의 기획에 소극적이 될 수밖에 없습니다. 결국, 현재적 사상을 담은 책을 읽고 싶은 독자들의 잠재적 요구가 실현되지 못합니다. 내가 원하는 책이 출간되지 않는 획일화된 도서 시장에서 독자들은 떠나게 됩니다. 도서정가제가 없어지면 '책의 미래'도 암울해집니다.

4. 책은 문화적 재산입니다.

문화 선진국인 프랑스는 1981년 도서정가제를 필수 불가결한 규제의 수단으로 '랑법'을 제정하였습니다. 이 법 제정의 주역인 당시의 문화부 장관 자크 랑(Jack Lang)은 이 법의 목적에 대해 의회에서 다음과 같이 발언했습니다.

"책을 다른 상품과 달리 취급하는 예외적 제도의 바탕을 이루는 것은 책을 일반 상품으로 간주할 수 없다는 의지이며, 시장의 논리를 다소 굽혀서라도 책이 당장의 수익 논리에만 좌우될 수 없는 문화적 재산(bien culturel)임을 확실히 하겠다는 의지이다."

- 한국출판인회의는 2003년 법률로 제정, 18년이란 긴 세월 동안 보완 개선되며 유지 발전된 도서정가제는 특히 작은 출판사 및 동네서점에는 생존이 달린 중요한 사안이자 출판문화 생태계를 지속할 수 있게 유지, 발전시키는 긍정적인 제도라는 점에서 매우 중차대하게 생각하고 있기에 이번 ① "'도서정가제 합의안'에 대한 무조건적이고 조속한 이행"과 ② "출판문화산업진흥 정책의 전면 재검토와 지원 확대"를 강력히 촉구하면서 우리의 요구가 관철될 때까지 총력을 다해 끝까지 투쟁해 나갈 것이다.

정부의 '도서정가제 민관협의체 합의안' 파기 이후, 일방적 개선 방안 통보에 대한 한국출판인회의 입장

2020. 9. 8.

한국출판인회의

    한국출판인회의(회장 김학원)는 문화체육관광부가 2017년 개정 도서정가제에 대한 민관협의체 합의안의 준수를 엄중히 촉구하며 우리의 입장을 분명하게 밝힌다. 문화체육관광부는 민관협의체가 16차례의 토론과 협의를 거쳐 마련한 개정안을 지난 7월 말 일방적으로 파기하고, 한 달 이상 묵묵부답하더니 9월 3일 오전 '도서정가제 사수를 위한 공동대책위원회'의 6개 단체 관계자와 만나 '개선안'을 일방 통보했다. 문체부는 그간의 충분한 논의를 거쳐 마련한 합의안을 일방적으로 파기한 후, 13개 단체로 구성된 민관협의체의 의견을 완전히 무시한 '문체부만의 개선안'을 일방적으로 관철하려는 작금의 현실에 한국출판인회의는 심각한 유감과 함께 문재인 정부의 출판문화 정책이 올바로 가고 있는지 의구심을 가질 수밖에 없으며, 다음을 촉구한다.

1. 도서전 및 장기 재고도서에 대한 도서정가제 적용 제외는 도서정가제 정책의 일관성 훼손은 물론 출판 시장을 제대로 파악하지 못한 탁상공론이자 청와대의 입김이 작동된 궁여지책 행정 편의적 발상으로, 도서정가제 정책의 일관성을 훼손한다.

도서전 및 재고도서에 대한 도서정가제 적용 제외 건은 이미 문체부가 주도한 민관협의체에서 1년여 동안 논의한 끝에 현행대로 유지(제외하지 않기로)하기로 합의된 사안이다. 이를 지키지 않고 새삼 도서전에서 할인 판매를 허용한다면 도서할인 전문업체가 개입한 유사 도서전의 난립을 초래할 수 있으며, 출판 시장을 크게 어지럽힌 2014년 이전의 상황이 되풀이될 것이다. 장기 재고 도서에 대한 제외 역시 개념 및 기준 등에 대한 구체적 기준이 부족할뿐더러 신간은 사라지고 구간 할인 도서가 득세하면서 커다란 혼란을 겪었던 과거로 돌이키려는 정책이다. 도서정가제 근본이 훼손되는 것은 물론 문체부 스스로 도서정가제에 대한 신뢰도를 떨어트리는 일이므로 동의할 수 없다.

2. 전자책 20~30% 할인과 웹 기반 연속 콘텐츠의 도서정가제 적용 제외는 출판사업자로 볼 수 없는 대형 플랫폼 사업자의 시장 지배력을 강화해 자본과 가격 경쟁력에서 밀리는 창의적인 중소 전자책업체를 고사시키는 조치이다. 출판문화는 죽이고 거대 콘텐츠사업자만 키우는 졸속 정책은 결과적으로 출판 생태계 파탄을 야기할 것이다.

2012년 전자출판물의 과도한 저가 경쟁을 막고 전자출판산업을 육성하기 위해 도서정가제를 적용하여 전자출판물의 가격 안정화와 유통질서 확립을 통해 건강한 전자출판 시장 조성과 문화산업 발전을 모색했다. 그러나 막대한 자본을 가진 거대 플랫폼 사업자는 이를 무시하고 온갖 불법과 편법으로 전자출판물 시장을 독과점화했으며, 이 힘을 바탕으로 많은 작가와 전자출판물 전문출판사를 종속시켜 왔다. 따라서 전자출판물에 대한 도서정가제 적용 제외는 정부가 마땅히 육성해야 할 중소 전자출판물 플랫폼의 몰락을 야기할 것이며 수많은 전자출판물 전문출판사, 더 많은 작가가 거대 플랫폼에 종속되어 생존을 걱정해야 할 상황에 내몰릴 것이 분명하다. 이는 디지털 시대를 맞이하여 전자책과 웹 기반 콘텐츠물을 기반으로 출판 시장의 신성장 동력을 찾아 발전하려는 출판업계에 어두운 미래를 가져다줄 참혹한 정책인 것이다.

3. 문화체육관광부는 출판 시장의 안정화를 외면한 권위적 행정 편의주의 발상과 좌고우면에서 벗어나 1년여 동안 이해당사자들의 노력과 지혜를 모아 마련된 민관협의체 합의안을 엄중하게 준수하라.

도서정가제는 책값의 거품을 없애 독자가 책값을 신뢰하도록 하는 사회적 합의이다. 작은 서점이 가격 경쟁에 밀려 문을 닫지 않게 하는 최소한의 안전망이자, 저작권의 안정성을 유지하는 책 문화생태계 보호의 시발점이다. 도서정가제의 이점은 뚜렷하다. 가격이 아닌 콘텐츠 중심의 도서 구매, 큐레이션 전문 독립서점의 창업 증가 등 서점계의 의미 있는 변화가 촉발되었다. 나아가 매력적인 지역서점이 많아져야 독자가 새 책과 접할 기회가 커지고 출판 시장이 활성화될 것이므로, 정부는 민주적 절차에 의한 합의안을 존중, 조속히 이행하고 종합적인 출판진흥 및 서점 육성책 마련을 촉구한다.

4. 박양우 문화체육관광부 장관은 1981년 프랑스 도서정가제 '랑법' 제정을 주도한 자크 랑(Jack Lang) 문화부 장관의 의회 연설을 거울삼아 주기를 간곡히 기대한다.

"책을 다른 상품과 달리 취급하는 예외적 제도의 바탕을 이루는 것은 책을 일반 상품으로 간주할 수 없다는 의지이며, 시장의 논리를 다소 굽혀서라도 책이 당장의 수익 논리에만 좌우될 수 없는 문화적 재산(bien culturel)임을 확실히 하겠다는 의지이다."

2003년 법률로 제정, 18년이라는 긴 세월 동안 보완 개선되며 유지 발전된 도서정가제는 독자에게는 다양한 양질의 책을 전국 어디에서나 같은 가격으로 보급하고, 특히 작은 출판사와 동네서점의 생존을 보장하며 출판문화 생태계를 지속가능하게 유지, 발전시키는 최선의 제도라는 점에서 매우 엄중하다. 따라서 이번 도서정가제 민관협의체 합의안을 훼손시키는 어떠한 시도에도 우리는 이를 바로잡기 위해 총력을 다할 것이다.

도서정가제 개악안을 고집하는
문체부 규탄 성명서

2020. 9. 10.

도서정가제 사수를 위한 출판·문화계 공동대책위원회

도서정가제 사수를 위한 출판·문화계 공동대책위원회는 문화체육관광부가 출판·문화단체, 소비자단체, 전자출판단체 등이 함께 참여하여 16차례의 논의의 과정을 걸쳐 완성한 민관협의체의 합의안을 거부하고, 일방적으로 제시하는 졸속한 개선안에 대해 분명한 반대의 입장을 표명한다.

새로운 제도는 일정한 적응 기간과 엄격한 적용 과정의 단계적 도입을 통해, 즉 예외 조항을 삭제해 나가면서 더욱 견고해진다. 도서정가제가 이미 출판·문화계에 긍정적인 영향을 끼치고 있음은 문체부가 자체적으로 실시한 여론조사 및 연구용역 그리고 여러 산업지표를 통해 분명히 확인된 바 있으며, 문체부도 이를 인지하고 인정한 바 있다. 실질적으로 도서정가제의 적용을 받는 산업 쪽의 작가, 출판사, 서점 등 모든 구성원이 도서정가제를 찬성하고 있음이 이를 뒷받침한다.

그렇다면 지금은 도서정가제를 더욱 강화하는 방향으로 '개선'해야 할 시점이다. 여러 사정으로 그러지 못하더라도, 그 최소한의 마지노선이 바로 민관협의체의 합의안이다. 도서정가제가 비로소 뿌리 깊게 안착할 수 있는 중요한 이 시점에서, 근거 없고 즉흥적인 또 다른 예외 조항들을 도입하려는 문체부의 시도는 당장 중지되어야 한다. 여러 이해당사자가 참여한 민관협의체의 오랜 논의와 고뇌의 과정 없이, 짧은 기간 내에 급조된 소위 문체부의 '개선안'은 도서정가제에 구멍을 내고, 나아가 완전히 붕괴시키려는 '개악안'임이 자명하다.

이에 〈도서정가제 사수를 위한 출판·문화계 공동대책위원회〉는 문체부의 이러한 행태에 분노하며 우리의 요구를 다시 한번 명확하게 밝힌다.

하나. 문체부는 도서정가제의 근간을 흔드는 밀실행정을 중단하라.

하나. 문체부는 도서정가제에 대한 기존 합의를 존중하고
이행하라.

　대한출판문화협회·1인출판협동조합·대한어린이출판연합
회·불교출판문화협회·어린이도서연구회·어린이와작은도서
관협회·어린이책시민연대·어린이청소년책작가연대·인문사
회과학출판인협의회·전국동네책방네트워크·전자출판협동
조합·책을만드는사람들·책읽는사회문화재단·청소년출판모
임·청소년출판협의회·학습자료협회·한국과학기술출판협
회·한국기독교출판협회·한국대중문학작가협회·한국대학출
판협회·한국도서관협회·한국문인협회·한국서점인협의회·
한국서점조합연합회·한국아동출판협회·한국어린이출판협의
회·한국여성편집인클럽·한국웹소설협회·한국작가회의·한
국전자출판학회·한국전자출판협회·한국중소출판협회·한국
출판영업인협의회·한국출판인회의·한국출판학회·한국학술
출판협회

문체부는 도서정가제 개악 즉각 중단하라!

전자출판물 과다 할인 즉각 중단하라!
웹소설 도서정가제 제외 중단하라!

2020. 9. 15.

(사)한국웹소설협회

작가, 출판사, 유통업체가 한군데 모인 웹소설을 대표하는 유일무이한 모임인 사단법인 한국웹소설협회는 문화체육관광부가 추진 중인 도서정가제 개정안에 반대한다.

문체부는 16차례에 걸친 '도서정가제 민관협의체'의 합의안을 무시하고 갑자기 이해할 수 없는 방안을 내놓았다. 유독 웹소설만을 전자책에서의 할인 폭을 20~30%로 확대하고, 웹소설은 아예 도서정가제에서 제외하도록 한 것이다.

문체부의 개정안은 개악안이 분명하다. 웹소설은 완결되기

전까지는 책으로 인정하지 아니하겠다는 발상에 경악을 금할 수가 없다. 그렇다면 시리즈로 발간되는 책들은 완결되지 않았으니, 출간이 되었다 하더라도 책으로 인정하지 않고, 도서정가제의 적용을 받지 않는단 말인가? 말도 되지 않는 인식이다.

웹소설 업계는 지난 수년에 걸쳐 괄목할 만한 발전을 거듭해 왔다. 수많은 작가가 이제 주저함이 없이 자신의 미래를 걸고 웹소설 작가의 삶을 선택하고 있다. 그 모든 것은 작가의 밤을 잊은 노력과 그 뒷바라지를 하는 출판사, 독자와 만날 수 있는 장을 깔아준 유통처, 즉 도서정가제라는 문화 상대성을 보호하는 든든한 제도가 있었기에 가능하였다.

도서정가제가 만들어진 이유는 공정한 시장질서를 파괴하는 과도한 할인 경쟁을 막기 위해서였다. 과도한 할인은 출판사를 피멍 들게 만든다. 피땀 어린 작품을 만들어낸 작가들의 미래를 죽이는 행위이다. 도서정가제 덕분에 출판사는 안정적인 계획을 세우고 가격이 아니라, 질을 높여 경쟁할 수가 있는 터전과 미래의 기회를 얻게 되었다. 작가와 출판사가 서점과 한목소리로 현재의 도서정가제를 지지하는 것에는 이 같은 도서 생태계의 공정함과 공공성이 독자들의 독서 문화를 윤택하게 발전시켜 왔기 때문이다.

하지만 그 누가 도서 생태계를 다시 적자생존의 정글로 만들어버리는 전자책 과다 할인, 웹소설 제외 등 개악안을 방치할 수 있단 말인가? 지난 세월의 노력과 수많은 독자들의 지지로 웹소설의 수준은 나날이 발전하고 있다. 좋은 작품은 웹툰, 드라마, 영화화, 게임으로 재탄생하는 원소스멀티유스가 활발히 이루어지고 있다. 이대로 간다면 웹소설은 세계로 나아갈 수 있을 것이고, K-STORY의 주역이 될 것임에 의심할 여지가 없다.

그러나 도서정가제에서 웹소설이 제외된다면, 이제 자리를 잡아가려는 웹소설 업계는 다시 암울했던 과거로 회귀될 것이다. 대기업 및 포털 등 거대 유통 플랫폼만이 시장을 독점하고, 중소기업은 부실의 늪에서 허덕이다 침몰하게 될 것이다.

중소기업과 전자책 작가들의 미래가 무너지기를 문체부는 바라는 것인가? 문체부의 도서정가제 개악안은 창작자를 외면하고, 작은 콘텐츠 업체들인 중소 규모의 출판사들과 유통 업체들을 죽이겠다는 선언에 다름 아니다.

어떤 경우에도 과다 할인 경쟁으로 업계가 발전할 수는 없음을 우리는 알고 있다. 문화는 할인으로 사고팔 수 없다. 정당한 대가와 적정한 대우만이 세계로 나갈 수 있는, 경쟁력 있는 세계 속의 웹소설을 만들어낼 수 있는 버팀목이 될 수 있다. 우리는 그러한 가치에 걸맞은 수준의 웹소설을 만들어내고자 밤을 잊고 노력하고 있다.

업계에 관한 최소한의 이해도 없이, 도서정가제의 의미에 관한 고찰도 없이, 웹소설의 미래를 죽이는 문체부의 이번 도서정가제 개악안은 반드시 철회되어야 한다. 문체부는 교각살우의 우를 부디 범하지 않아야 한다.

-우리의 요구-

하나. 문체부는 전자책 할인율 상향 즉각 중단하라!
하나. 문체부는 웹소설 도서정가제 제외 즉각 중단하라!

도서정가제에 대한 출판사, 지역서점의 목소리

2020 긴급 여론조사 결과

전국 지역서점 및 출판사 대상
긴급 도서정가제 인식 여론조사 분석 결과

2020. 9. 1.

한국출판인회의

긴급 여론조사를 실시하며

정부의 도서정가제 개악 시도가 법안 타당성 검토의 시한에 가깝게 급작스럽게 자행되어 긴급하게 여론조사를 실시하다 보니, 저자 등 창작자들과 학계, 도서관, 관련 단체 그리고 독자의 여론을 모두 들을 수 있는 시간이 부족했던 점을 매우 안타깝게 생각한다. 다만 소비자 대상의 여론조사가 그동안 계속 이어져왔고 도서정가제가 출판문화산업의 지원, 육성을 목적으로 하는 출판문화산업진흥법에 근거하기 때문에 먼저 출판문화산업의 근간인 출판사와 서점업 종사자의 인식을 제대로 알아보는 것은 매우 시급하고 중요한 일이어서 4600개의 표본을 선정하여 도서정가제에 대한 인식 조사를 실시했다. 본 조사는 조사 표본 수나 응답자 수 그리고 신뢰도 수준에서 출판문화산업계의 여론이 가장 잘 반영되었다고 볼 수 있다.

이번 조사는 2014년 개정된 출판문화산업진흥법 제22조의 도서정가제가 실제로 출판 및 서점업에 도움이 되고 있는지를 파악하기 위해 한국출판인회의가 여론조사 전문기관인 리얼미터에 의뢰하여 8월 19일부터 4일간 전화면접 조사 방식으로 실시하였으며 총 4600개 출판사와 서점을 대상으로 하였다. 2500개의 출판사는 한국출판인회의 회원사 및 인터파크송인서적 채권단에 속한 출판사를 대상으로 하였으며 서점은 한국서점조합연합회(이하 서련)의 회원사 1500개를 포함한 전국의 서점 2100개를 대상으로 1001개사의 의견을 반영하였다. 조사의 신뢰도는 95%(오차범위+-3.1)로 출판·서점계의 입장을 비교적 정확하게 알 수 있었다는 데 의의가 크다.

조사 의뢰자	한국출판인회의
조사 기관	㈜리얼미터
조사지역, 대상 및 크기	서점/출판사 운영자, 1001명 (제공 LIST 활용)
조사 기간	2020년 8월 19일(수) ~ 22일(토)
조사 방법	구조화된 설문지를 활용한 전화면접(CATI) 조사
표본 오차	±3.1%p (95% 신뢰수준)
응답률	22.2% (총 4508 업체 시도)

이번 조사의 특징은 공정하고 균형 잡힌 여론을 듣기 위해 중소형 지역서점과 중소 출판사들의 의견을 집중적으로 청취했다는 것이다. 이를 위해 일부 대형 서점(인터넷 서점 포함)과 매출액 상위권의 대형 출판사는 조사 표본에서 제외했다.

종업원 수 5인 이하의 소형 출판사가 전체 응답 중 74% 정도를 차지했으며 또한 기존에 기타 서점으로 분류되어 서점 통계에서 소외되었던 독립서점 600여 곳을 조사에 포함시켜서 보다 다양하고 정확한 목소리를 들을 수 있었다.

10명 중 7명이 현행 도서정가제 지지 입장 밝혀

여론조사의 결론부터 말하자면, 현행 도서정가제에 대한 찬성 입장이 반대 입장보다 월등하게 많아서 10명 중 7명이 지금의 도서정가제를 지지하는 입장을 보이는 것으로 조사됐다.

도서정가제가 현재 귀사에 도움을 주고 있는지 묻는 문항에서 '도움이 된다'는 응답자가 67.3%로 '도움이 되지 않는다'는 응답자(16.3%)보다 4배 이상 높게 나타났는데 이런 현상은 서점(71.6%)과 출판사(66.7%) 모두에서 비슷하게 나타났다(여론조사 보고서, 7쪽). 특히 출판사에서는 연간 발행종수가 적을수록 도서정가제가 도움이 된다는 의견이 높게 나타나서 규모가 작은 출판사들에도 실질적인 도움이 되는 제도임을 알 수 있었다.

도서정가제 도움 여부

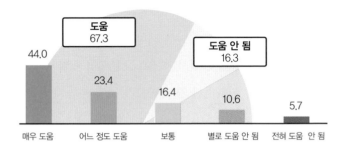

경쟁 완화와 공급률 안정을 최고의 장점으로 꼽아

도서정가제가 구체적으로 어디에 도움이 되었는지에 대한 질문에 경쟁 완화가 58%, 공급률 안정이 54%로 나타났는데 업종에 따라 차이가 났다. 출판사는 공급률 안정이 74.7%로 가장 도움이 된다고 했는데, 이는 2014년 이전에 구간의 무분별한 할인이 관행적으로 이루어지면서 출판사가 서점으로 출고하는 도서 공급률도 낮아져 경영수지 악화를 경험했던 출판사들이 개정 도서정가제의 시행 이후에 공급률이 서서히 안정을 찾아가면서 경영에 도움이 된다는 견해를 보인 것이다. 반면 서점은 경쟁 완화를 가장 큰 장점으로 꼽았는데 2014년 이전에 구간 할인과 납품 할인 등이 극심해지면서 경영에 애로를 겪다가 현재는 서점 간 제 살 깎아먹기식 할인 경쟁이 줄어들면서 경영에 안정을 찾고 있는 것이다.

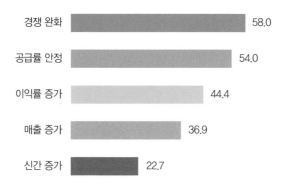

경쟁 완화	58.0
공급률 안정	54.0
이익률 증가	44.4
매출 증가	36.9
신간 증가	22.7

도서정가제로 서점 500개가 새로 생겨나

도서정가제가 동네서점 활성화에 도움을 주고 있나를 묻는 질문에 64.7%가 도움이 된다고 응답해서 도움이 안 된다고 대답한 19.9%보다 월등히 높게 나타났다. 특히 이와 연관된 동네서점의 쇠퇴를 늦추는 데 도서정가제가 기여하는지에 대한 질문에도 도움이 된다는 응답이 61.3%로 도움이 안 된다는 응답(19.8%)보다 높게 나타나서 서점의 창업과 활성화에 도서정가제가 중요한 역할을 하고 있음을 보여준다.

동네서점 전용앱인 퍼니플랜의 발표에 따르면 2020년 5월 기준 전국의 독립서점은 583개이다. 2014년에 100개가 안 되었던 것과 비교하면 5배가 넘게 증가했고 이전부터 영업했던 동네서점과 합치면 현재의 서점 수는 2015년 2165개보다 약 7% 이상 늘어난 2300개를 넘었다.

2014년 이전 매년 두 자릿수의 폐업률을 보이던 동네서점이 이후 놀랄 만한 증가세를 보이는 것은 도서정가제가 독립서점의 창업과 동네서점의 경영 안정화에 없어서는 안 될 핵심 장치임을 보여주는 것으로 이 법의 취지인 오프라인 서점의 활성화가 현장에서 잘 실현되고 있음을 나타내는 것이다. 도서정가제가 무너지거나 할인율이 다시 낮아지면 동네서점과 독립서점은 존립 근거를 잃고 폐업으로 이어질 것이라는 서점 업계의 주장이 틀리지 않음을 입증한다.

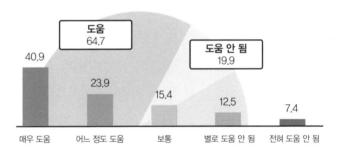

출판사 창업 증가에도 도움돼

도서정가제가 창업에 도움이 되었냐는 물음에 서점은 물론이고 출판사도 도움이 되었다는 응답이 높게 나왔는데 특히 5권 이상 10권 미만의 신간을 발행하는 중소 규모 출판사에서 창업에 '도움이 되었다'는 응답이 57%로 높게 나타났고 사업

기간도 10년 미만이 55.3%로 높아서 도서정가제가 출판사 창업에 큰 영향을 끼친 것으로 조사됐다.

전국의 출판사 수는 2014년 4만6982개에서 2018년 6만 1084개로 1만4102개 이상 증가하여 수치상 38% 이상 증가했다. 특히 독립출판이라 일컬어지는 1인 창업 열풍에 도서정가제가 막대한 도움이 되었음을 알 수 있다. 책값 할인보다 책의 내용이 지닌 진정한 가치가 경쟁력이 되는 건전하고 투명한 시장 환경이 조성된 것이 출판사 창업이 늘어나는 배경이 되었다.

2014년 이전의 서점 베스트셀러 목록에는 할인을 많이 하는 구간의 비중이 높았다. 지금은 내용이 우수한 신간 위주로 순위가 재편되어 기획력을 갖춘 작은 출판사들이 대형 출판사들과 공정한 풍토에서 경쟁할 수 있는 장이 열려 있다고 평가할 수 있겠다. 공정한 시장은 젊고 도전정신이 강한 출판사들의 창업을 촉진하고, 늘어난 출판사들은 고용을 촉진하는 사회적 역할도 하고 있다.

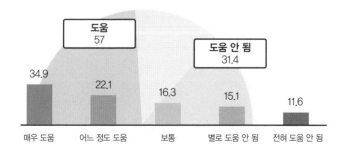

이번 조사에서 보면 2014년 이후 영업을 시작한 출판사, 서점 비율이 전체 응답자의 19.5%로 전체 중에 약 20%에 가까운 업체는 도서정가제 이후 창업을 한 셈인데 도서정가제가 완화되어 할인을 많이 하는 구간 중심의 시장으로 역행하는 것은 이들 신규 창업 출판사와 서점들의 생존에 심각한 타격을 줄 것은 자명하다.

신간 발행종수의 증가가 출판 생태계 다양성을 가져와

가격 할인이 제한되고 내용 중심으로 승부하는 공정한 출판 환경은 출판사의 창업뿐 아니라 발행종수의 증가에도 영향을 미쳐서 2013년 6만1548종이었던 신간 종수가 2018년에는 8만1890종으로 33% 이상 늘어났다.

도서정가제로 구간 할인이 사라지면서 신간의 판매가 증가하고 내용이 좋은 신간을 많이 만들려는 출판사들이 많아지고 다양한 작가들에게 출간의 기회가 주어지고 독자들은 서점에서 다양한 신간을 골라 읽는 재미가 훨씬 커지는 선순환 구조가 형성된 것이다. 신간의 증가는 출판 생태계의 다양성을 보여주는 지표로서 이번 조사에서도 비슷하거나 늘었다는 비율이 64.2%로, 줄었다는 비율(16.4%)보다 높게 나타났다.

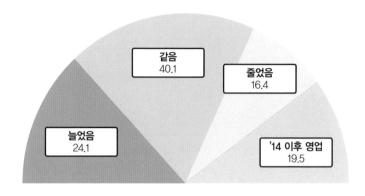

같음
40.1

줄었음
16.4

늘었음
24.1

'14 이후 영업
19.5

책값의 거품은 사라지고 안정을 찾는 중

도서정가제의 개악을 시도하는 정부는 '소비자 후생'이라는 용어를 사용하여 책값 할인을 통해 소비자가 큰 이익을 얻을 수 있을 것 같은 논리를 펴고 있는데 사실상 책값의 가격 거품은 완전히 걷혔다고 해도 과언이 아니다. 개정 도서정가제가 시행된 지난 6년간 가격 경쟁이 완화되어 정가 상승률이 물가 인상률을 밑도는 적은 폭의 상승만을 기록했다. 실제로 2015년 100.00을 기준으로 2018년 전체 소비자 물가지수는 104.45인 반면 출판물 물가지수는 103.13으로 더 낮은 것을 알 수 있다. 이번 조사에서도 도서정가제가 책값 거품을 걷어내는 데 도움이 되었나를 묻는 질문에 52.3%가 도움이 된다고 답해서 도움이 되지 않는다는 응답(25.1%)보다 두 배 이상 높았다.

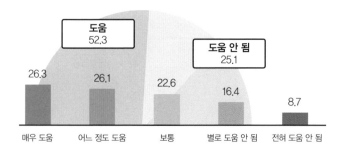

도움 52.3		도움 안 됨 25.1	
26.3	26.1	22.6	16.4	8.7
매우 도움	어느 정도 도움	보통	별로 도움 안 됨	전혀 도움 안 됨

도서정가제 개정 방향은 강화 또는 유지되어야

이 조사에서는 응답자의 절반 이상이 강화되어야 한다는 의견을 냈는데 출판사는 강화가 39.4%, 유지가 32.2%로 비슷한 반면 서점은 강화가 68.9%로 유지(23.8%)보다 3배 정도 높게 나타났다. 반면 완화하자는 의견은 출판사가 25%로 네 명 중 한 명인 데 비해 서점은 4.8%로 이십 명 중 한 명으로 큰 차이를 보였다.

서점은 온라인 서점과의 할인율 차이 등이 성장의 가장 큰 걸림돌로 인식되어 완전도서정가제를 지향하는 입장임을 분명히 한 것으로 해석되며 출판사는 현재의 도서정가제를 지지함과 동시에 가격 할인율을 낮추거나 경제상 이익을 더 낮추는 방향으로 개정이 이루어져야 한다는 의견이 우세했다.

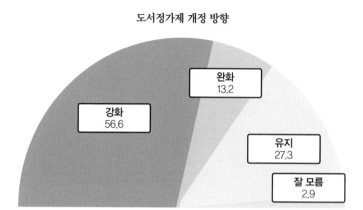

도서정가제 개정 방향

완화
13.2

강화
56.6

유지
27.3

잘 모름
2.9

도서정가제 민관합의는 반드시 지켜져야

마지막 질문으로 정부와 출판문화산업계의 합의안을 설명하고 이 합의안에 대한 지지 여부를 물었을 때 응답자의 과반(56.4%)은 합의안이 지켜져야 한다고 답했다. 합의안이 변경될 수도 있다는 의견(15.5%)에 비해 크게 높았으며 나머지 28.1%는 합의안에 대한 이해가 부족해서인지 잘 모르겠다고 답했다. 이번 조사에서 도서정가제의 민관 합의에 참여한 여러 단체들의 대표성을 인정하고 신뢰를 보내는 것으로 해석되며 합의가 이행되기를 바라는 의견이 다수를 차지한 것은 민관 합의의 민주적 절차가 훼손되는 것을 반대하는 의견을 분명히 하는 것이다.

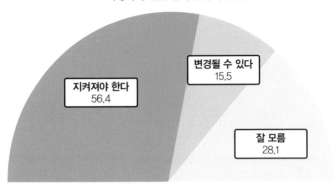

도서정가제 민관 합의안 유지 찬반

지켜져야 한다
56.4

변경될 수 있다
15.5

잘 모름
28.1

여론조사를 마치며

책은 시대의 문화와 지식을 담는 그릇이고 정신의 양식이며 인문, 기초과학 등 학문 육성의 근본이고 문화산업의 근간이다. 이 때문에 국회와 정부, 민간이 합심하여 책을 쓰고 만들고 유통하는 일의 중요성을 인식하여 국가가 나서서 보호하고 지원할 산업으로 정한 것이다. 그러므로 출판문화산업 지원은 법률이 정한 국가의 의무이며 정부가 마땅히 해야 할 일이다.

출판문화산업진흥법은 정부와 지자체가 나서서 출판과 서점 그리고 관련 산업을 보호하고 육성하기 위해 만든 법이다. 이 법은 문화체육관광부 장관에게 3년마다 도서정가제를 재검토하여 폐지, 완화 또는 유지할 것을 규정하고 있다(법률 제

27조 2항). 또한 이에 앞서 문화체육관광부 장관은 5년마다 출판문화산업의 진흥에 필요한 기본 계획을 수립·시행하도록 하고 있으며 계획 수립 단계에서 반드시 관련 단체의 의견을 듣도록 명시하고 있다(제4조).

문화체육관광부는 지난 2017년 법률이 정하는 바에 따라 제4차 출판문화산업 기본 계획(2017~20021년)을 수립하여 5개년 계획을 발표한 바 있다. 이 계획에는 도서정가제를 합리적으로 보완하여 작가, 출판사, 유통사, 소비자 등에 그 혜택이 돌아가게 해야 하며 그러기 위해서 책값 할인의 폐해로 지적되는 가격 거품의 형성을 억제하고 도서정가제의 긍정적 취지를 더 알리며 이 제도의 성공적인 정착을 위해 노력할 것을 명시하고 있다(2-1항). 또한 지역서점은 출판산업의 실핏줄이며 지역사회의 자생적 문화 공간으로 지역서점 경쟁력 향상을 통해 출판유통의 뿌리를 든든히 하고 상생 발전 및 '책 읽는 사회' 조성의 핵심으로 지역서점 상생 발전 체계를 구축할 것을 확실히 하고 있다(2-2항). 이렇듯 법과 규정에 명백히 나와 있는 출판문화산업 지원을 외면한 채 민간단체들이 1년 넘게 16차례 논의해서 만들어놓은 합의안을 무시한 채 관료들의 탁상공론으로 출판문화산업의 미래를 좌지우지하려는 시도는 지금 당장 중단되어야 한다.

출판산업은 지난 20년간 침체 일로를 걷다가 2014년 이후
에야 하락세가 조금 완만해지고 있고 지역서점은 이제 막 뿌
리가 자라기 시작했지만 꽃을 피우기에는 아직도 양분이 부족
한 상태이다. 동네 책방이 많아지고 출판문화산업이 다 같이
성장하려면 정부의 간섭이 아닌 지원이 필요하다. 만약 정부
의 잘못된 판단으로 도서정가제가 훼손되면 당장 1000개 이
상의 서점과 1만 개의 작은 출판사가 사라질 것이다. 정부는
이번 여론조사에 담겨 있는 출판서점인들의 민의를 깨닫고 진
정으로 국민과 출판문화산업 종사자들을 위하는 방법이 무엇
인지 찾아야 할 것이다.

미주

1) 2019년 12월 기준 전국의 신고 출판사 6만2983개 중 무실적 출판사가 87.4%이고, 발행 실적이 있는 출판사(7930개) 가운데 연간 5종 미만 출판사가 5580개로 70.4%이며, 10종 미만 출판사의 비중은 82.1%임. 서점은 50평 미만의 소형 서점이 66.3%(2019년 말 기준)를 차지함. 한국출판문화산업진흥원, 〈KPIPA 출판산업 동향 2019 하반기〉, 2020. 8.

2) 독서 환경과 독자 유형의 관계

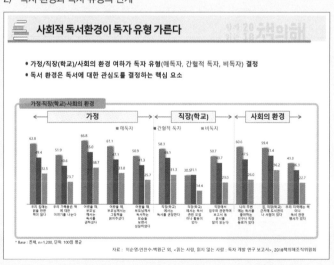

3) 책에 대한 도서구매자(독자)의 기본 인식

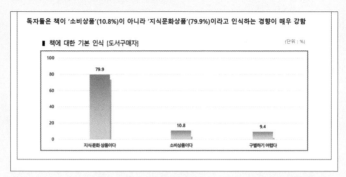

독자들은 책이 '소비상품'(10.8%)이 아니라 '지식문화상품'(79.9%)이라고 인식하는 경향이 매우 강함

■ 책에 대한 기본 인식 [도서구매자]   (단위 : %)

자료 : 한국출판연구소, 〈도서정가제 이해관계자 설문조사〉(2019. 9). 도서구매자 2000명 응답

4) 2005년 조사: 문화관광부, 〈도서정가제 평가 및 향후 방향에 관한 연구〉(2005. 11), 2019년 조사: 한국출판연구소, '도서정가제 이해관계자 설문조사'(2019. 9). 각각 성인 독자 1100명, 성인 도서 구매자 2000명을 대상으로 조사함.

5) 윤청광 외, 『세계의 도서정가제 현황 연구』(한국출판연구소, 2000), 138쪽.

6) 2014년 개정 이전 정가제의 할인 판매 가능 범위

기간 구분	발행일로부터 18개월 미만 도서 (신간 도서)	발행일로부터 18개월 경과한 도서 (구간 도서)
기본 할인율	모든 도서 19%까지 할인 가능 (마일리지 포함)	모든 도서의 무제한 할인 허용
정가제 제외 분야	실용서, 초등 학습참고서는 할인율 무제한	
할인 판매 허용	국가기관, 지방자치단체, 도서관, 사회복지시설, 군부대, 교도소, 법정 공공단체(특별법인) 구입 시 할인율 무제한	

7) 휴대폰 보조금의 과다 지급을 제한하는 등 이동통신 유통 질서를 확립하고자 2014년 10월 1일부터 시행된 '이동통신 단말장치 유통구조 개선에 관한 법률'의 약칭.

8) 도서정가제 관련 법제의 2014년 개정 전후 변화

구분	개정 전	개정 후(현행)	비고
대상 범위	실용서, 초등 학습참고서를 제외한 도서. 발행한 지 18개월이 지나지 않은 도서(신간).	모든 도서 (도서 분야 및 발행일과 무관하게 모든 도서에 적용)	확대 적용
할인 범위	정가의 10% 가격 직접 할인 + 판매가의 10% 간접 할인 (마일리지 등) ※ 총 할인율 19%	정가의 10% 이내 가격 할인과 간접 할인 허용(15% 이내 조합) ※ 총 할인율 15%	할인율 축소
적용 예외 기관	도서관, 사회복지시설, 국가기관 등	사회복지시설	예외 기관 축소

9) 개정(현행) 도서정가제 관련 법률 조항

출판문화산업진흥법	출판문화산업진흥법 시행령
제22조(간행물 정가 표시 및 판매) ① 출판사가 판매를 목적으로 간행물을 발행할 때에는 소비자에게 판매하는 가격(이하 "정가"라 한다)을 정하여 대통령령으로 정하는 바에 따라 해당 간행물에 표시하여야 한다. ② 발행일부터 18개월이 지난 간행물은 대통령령으로 정하는 바에 따라 정가(定價)를 변경할 수 있다. 이 경우 정가 표시는 제1항을 준용한다.	**제15조(간행물의 정가 표시 등)** ① 출판사는 법 제22조제1항에 따라 간행물의 표지에 정가(定價)를 표시하여야 한다. ② 법 제22조제2항 전단에서 "발행일"이란 간행물의 매 판을 처음 인쇄한 날을 말한다. 다만, 매 판을 구분할 때에 오탈자의 변경 등 경미한 변경에 따라 다시 인쇄하는 경우는 제외한다.

출판문화산업진흥법	출판문화산업진흥법 시행령
③ 제1항 및 제2항에도 불구하고 전자출판물의 경우에는 출판사가 정가를 서지정보에 명기하고 전자출판물을 판매하는 자는 출판사가 서지정보에 명기한 정가를 구매자가 식별할 수 있도록 판매사이트에 표시하여야 한다. ④ 간행물을 판매하는 자는 이를 정가대로 판매하여야 한다. ⑤ 제4항에도 불구하고 간행물을 판매하는 자는 독서 진흥과 소비자 보호를 위하여 정가의 15퍼센트 이내에서 가격할인과 경제상의 이익을 자유롭게 조합하여 판매할 수 있다. 이 경우 가격할인은 10퍼센트 이내로 하여야 한다. ⑥ 다음 각 호의 어느 하나에 해당하는 간행물에 대하여는 제4항 및 제5항을 적용하지 아니한다. 2. 사회복지시설에 판매하는 간행물 3. 저작권자에게 판매하는 간행물 5. 그 밖에 대통령령으로 정하는 간행물 ⑦ 제5항에서 "경제상의 이익"이란 간행물의 거래에 부수하여 소비자에게 제공되는 다음 각 호의 어느 하나에 해당하는 것을 말한다. 1. 물품, 2. 마일리지(판매가의 일정 비율에 해당하는 점수 등), 3. 할인권, 4. 상품권, 5. 제1호부터 제4호까지에서 규정한 것 외에 소비자가 통상 대가를 지급하지 아니하고는 취득할 수 없는 것이라고 인정되는 것 **제28조(과태료)** ① 다음 각 호의 어느 하나에 해당하는 자에게는 300만원 이하의 과태료를 부과한다. 5. 제22조제1항 또는 제2항을 위반하여 정가를 간행물에 표시하지 아니한 자 또는 같은 조 제3항을 위반하여 정가를 서지정보에 명기하지 아니하거나 판매사이트에 표시하지 아니한 자 5의2. 제22조제4항 또는 제5항을 위반하여 간행물을 판매한 자 ② 제1항에 따른 과태료는 대통령령으로 정하는 바에 따라 문화체육관광부장관이 부과·징수한다. 다만, 제1항제1호·제5호 및 제5호의2에 따른 과태료는 관할 시장등이 부과·징수하고, 제1항제7호에 따른 과태료는 문화체육관광부장관, 시·도지사 또는 시장·군수·구청장이 부과·징수한다.	③ 출판사는 법 제22조제2항에 따라 발행일부터 18개월이 지난 간행물의 정가를 변경하려는 경우 해당 간행물의 정가를 변경하여 적용하려는 달의 전 달 15일까지 다음 각 호의 사항을 진흥원과 해당 간행물의 유통에 관련된 사업자 및 사업자단체에 알려야 한다. 1. 정가를 변경하는 간행물에 관한 사항 가. 간행물의 제목, 나. 출판사, 다. 저자 및 번역자, 라. 발행인, 마. 발행일, 바. 「도서관법 시행령」 제14조에 따른 국제표준도서번호 2. 정가변경에 관한 사항 가. 현재의 정가, 나. 변경 후 정가 ④ 진흥원은 제3항에 따라 통지를 받은 때에는 이를 진흥원 홈페이지에 게시하고, 국립중앙도서관장에게 알려야 한다. 이 경우 전자출판물에 대해서는 「콘텐츠산업 진흥법」 제23조에 따른 콘텐츠 식별체계의 등록을 담당하는 기관에도 함께 알려야 한다. ⑤ 법 제22조제6항제2호에서 "사회복지시설"이란 「사회복지사업법」 제2조제3호에 따른 사회복지법인 및 같은 조 제4호에 따른 사회복지시설을 말한다. ⑥ 법 제22조제6항제5호에서 "대통령령으로 정하는 간행물"이란 다음 각호의 어느 하나에 해당하는 간행물을 말한다. 3. 외국에서 발행된 간행물. 다만, 국내 판매를 주목적으로 하여 발행된 경우는 제외한다. 4. 재판매의 목적이 아닌 독서, 학습 등의 목적으로 최종소비자에게 판매되었던 간행물로서 다시 판매하는 중고 간행물

10) 독일의 출판 전문지 〈뵈르젠블라트(Börsenblatt)〉(2019년 46호)는 도서정가제의 경제적, 법적 영향과 관련한 최신 연구 결과를 소개하고 있는데, 언급한 내용은 경제학자 게오르그 괴츠(Georg Götz)의 「도서정가제의 경제적 영향에 관한 연구」 결과에서 인용함. 관련된 상세 사항은 다음의 글 참조.
장성준, 「도서정가제를 바라보는 두 개의 시선」, 한국출판문화산업진흥원 웹진 〈출판N〉 2020. 9. http://nzine.kpipa.or.kr/detail/tSqukA5QBujM3StWM

11) 한국출판연구소, 〈도서정가제 평가 및 향후 방향에 관한 연구〉, 문화관광부, 2005. 11.

12) 2009년 국민 독서실태 조사

(단위: %)

	전체	성별		연령별					학력별			연간 독서량					
		남자	여자	20대 이하	30대	40대	50대	60대	중졸 이하	고졸	대재 이상	없음	1~5권	6~10권	11~15권	16~20권	21권 이상
사례수(명)	1,000	504	496	244	239	240	170	107	127	394	479	283	334	191	70	34	88
필요	65.5	65.9	65.1	63.1	64.9	72.5	62.9	60.7	62.2	67.3	64.9	62.2	62.9	69.1	64.3	70.6	77.3
매우 필요	30.0	29.4	30.6	29.5	32.6	33.3	27.6	21.5	16.5	31.5	32.4	20.5	36.2	31.9	25.7	20.6	39.8
어느 정도 필요	35.5	36.5	34.5	33.6	32.2	39.2	35.3	39.3	45.7	35.8	32.6	41.7	26.6	37.2	38.6	50.0	37.5
보통	22.2	21.6	22.8	20.9	23.0	16.3	28.8	26.2	27.6	23.6	19.6	27.2	24.6	15.7	20.0	23.5	12.5
불필요	11.9	11.7	12.1	16.0	11.7	10.4	8.2	12.1	10.2	8.9	14.8	10.6	11.7	15.2	15.7	5.9	9.1
그다지 필요하지 않음	9.2	8.9	9.5	12.3	10.0	9.2	5.3	6.5	4.7	7.4	11.9	6.4	10.2	12.6	12.9	5.9	5.7
필요하지 않음	2.7	2.8	2.6	3.7	1.7	1.3	2.9	5.6	5.5	1.5	2.9	4.2	1.5	2.6	2.9	0.0	3.4
잘 모르겠음	0.4	0.8	0.0	0.0	0.0	0.4	0.0	0.9	0.0	0.0	0.3	0.0	0.9	0.0	0.0	0.0	1.1

13) 한국출판연구소 조사. 노웅래 국회의원 외, 〈출판문화 생태계 발전을 위한 도서정 가제 개선방안 토론회〉(2019. 9. 17) 자료집 19쪽 및 25쪽 참조. 응답자의 평균 도 서 구입량은 종이책 기준 일반도서 5.0권, 학습참고서/수험서 2.8권이었으며, 구 입량별 분포는 1~2권 553명, 3~4권 457명, 5~9권 488명, 10권 이상 502명으 로 나타남.

14) 문화체육관광부 · 한국출판문화산업진흥원, 〈도서정가제 개선을 위한 공개 토론회〉 자료집, 2020. 7. 15.

15) 고영수, 『출판의 발견』(청림출판, 2017), 59쪽.

16) 윤청광 외, 『세계의 도서정가제 현황 연구』(한국출판연구소, 2000), 79쪽.

17) 신종락, 『독일 출판을 말하다』(산과글, 2020), 206쪽.

18) 김택규, 「온라인 서점의 무차별 할인이 가져온 폐해」, 한국출판문화산업진흥원 웹 진 〈출판N〉 2020. 6. http://nzine.kpipa.or.kr/detail/bRfsxREKJreRDDvWj

19) '독립서점'이란 용어는 독립출판물 판매 서점, 체인서점이 아닌 개인 경영 서점 등 의 의미로 쓰여 왔다. 여기서는 체인서점이 아니고(지역서점), 학습참고서를 판매하 지 않으며(단행본 위주 판매), 주로 특정 분야의 도서를 중심으로 북 큐레이션을 하 거나 각종 프로그램을 운영하는 곳을 뜻한다. 독립출판물 전문서점도 여기에 포함 한다.

20) 남창우, 「독립 서점과 체인 서점 사이, 종합 서점으로 살아남기」, 〈기획회의〉 513호 (2020. 6. 5).

21) 현행 도서정가제의 동네서점 활성화 도움 여부

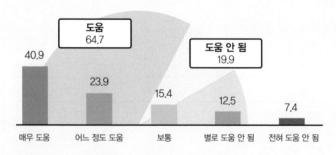

자료: 한국출판인회의, 〈도서정가제 인식에 관한 서점 · 출판계 설문조사〉, 2020. 8.

22) 주요 서점별 신간 도서의 판매 비중 추이

(단위: %)

서점 유형	서점명	2007년	2008년	2009년	2010년	2011년	2007 →2011
온/오프라인 대형 서점	교보 문고	40.5	38.1	38.4	40.1	39.7	−0.8
인터넷서점	인터 파크	57	53	49	43	39	−18.0
	예스 24	53	51	47	45	42	−11.0
	알라 딘	60	55	50	40	35	−25.0
오프라인 중형서점	대학 문고	58	55	54	52	50	−8.0
	경인 문고	49	53	53	52	49	0
	진주 문고	62	62	62	62	62	0

출처: 한국출판인회의, 〈도서유통 판매 채널별 현황 실태조사〉, 2012. 2. 39쪽 재구성.

23) 김슬기, 「도서정가제가 베스트셀러 순위 바꿨다」, 2014. 11. 27.

24) 한국출판인회의가 집계한 11월 2주 주간 베스트셀러(2015. 11. 11.~2015. 11. 17.)

한국출판인회의가 집계한 11월 2주 주간 베스트셀러
집계기간(2015. 11. 11. - 2015. 11. 17.)

순위	도서명	저자	출판사	출간연월	지난주 변동 순위
1	미움받을 용기	기시미 이치로	인플루엔셜	2014년11월	0 =
2	지적 대화를 위한 넓고 얕은 지식 : 현실 세계 편	채사장	한빛비즈	2014년11월	1 ↑
3	트렌드 코리아 2016	김난도, 전미영, 이향은 등 저	미래의창	2015년11월	4 ↑
4	라면을 끓이며	김훈	문학동네	2015년09월	-2 ↓
5	혼자 있는 시간의 힘	사이토 다카시	위즈덤하우스	2015년07월	-1 ↓
6	언제 들어도 좋은 말	이석원	그책	2015년09월	0 =
7	마션 - 어느 괴짜 과학자의 화성판 어드벤처 생존기	엔디 위어	알에이치코리아	2015년07월	-2 ↓
8	나미야 잡화점의 기적	히가시노 게이고 저, 양윤옥 역	현대문학	2012년12월	1 ↑
9	오베라는 남자	프레드릭 배크만	다산책방	2015년05월	-1 ↓
10	지적 대화를 위한 넓고 얕은 지식 : 현실 너머 편	채사장	한빛비즈	2015년02월	1 ↑
11	내 안에서 나를 만드는 것들	애덤 스미스 원저/ 러셀 로버츠 저	세계사	2015년10월	NEW
12	글자전쟁	김진명	새움	2015년08월	-2 ↓
13	선대인의 빅픽처	선대인	웅진지식하우스	2015년11월	NEW
14	헝거게임 세트	수잔 콜린스	북폴리오	2015년10월	NEW
15	백종원이 추천하는 집밥 메뉴 52	백종원	서울문화사	2014년08월	-3 ↓
16	2016 전한길 한국사 합격생 필기노트	전한길	에스티앤북스	2015년07월	17 ↑
17	오늘, 행복을 쓰다	김정민	북로그컴퍼니	2015년08월	1 ↑
18	맛있고 따뜻한 한비네 부엌	이현정	알에이치코리아	2015년11월	-3 ↓
19	나의 라임 오렌지나무	J.M.바스콘셀로스	동녘	2003년09월	1 ↑
20	잠자고 싶은 토끼	칼-요한 포쎈 엘린	박하	2015년10월	-1 ↓

출차: 책과사회연구소, 『개정 도서정가제 1년 실태 모니터링』(한국출판문화산업진흥원, 2015. 11), 72쪽.

25) 한국출판문화산업진흥원, 『2016년 출판산업 실태조사』(2016.12) 및 『2019년 출판산업 실태조사』(2020. 5). 2015년 및 2018년의 매출 실적을 조사한 결과임.

26) (사)한국작가회의, 「도서정가제 개악에 반대하는 한국작가회의 성명서」, 2020. 8. 31.

27) 한국출판문화산업진흥원, 『2019년도 하반기 KPIPA 출판산업 동향』, 2020. 8. 44쪽.

28) 개정(현행) 도서정가제의 출판사/서점 창업 도움 여부

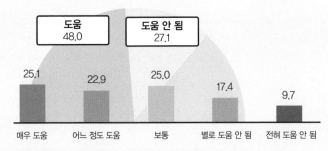

자료: 한국출판인회의, 〈도서정가제 인식에 관한 서점·출판계 설문조사〉, 2020. 8.

29) 소비자 물가지수 추이(2015~2019)

지출 목적별	2015	2016	2017	2018	2019
총 지수	100.00	100.97	102.93	104.45	104.85
서적(합계)	100.00	100.66	102.59	103.13	104.18

자료: 통계청, 소비자물가조사

30) 도서정가제의 도서 가격 거품 방지 여부

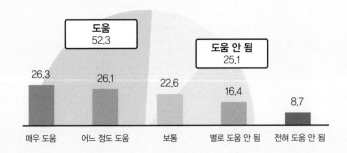

31) 백원근, 「청와대 국민청원의 도서정가제에 대한 몰이해」, 〈기획회의〉 518호(2020. 8. 20).

32) 남창우, 「독립 서점과 체인 서점 사이, 종합 서점으로 살아남기」, 〈기획회의〉 513호 (2020. 6. 5).

33) 독자(도서 구매자)의 독서량/도서구입량 변화 원인(우선순위 1순위 및 3순위까지 종합, %)

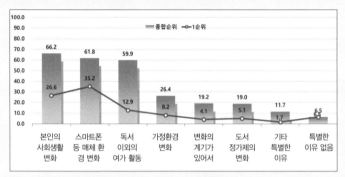

출처: 노웅래·우상호·신동근·소병훈·박인숙·이동섭 의원 주최,
〈출판문화 생태계 발전을 위한 도서정가제 개선방안 토론회〉 자료집, 2019. 9. 17. 27쪽.

34) 성인의 독서 장애 요인(%)

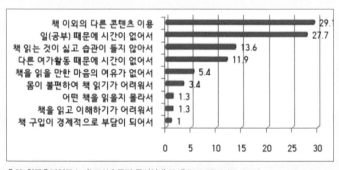

출처: 한국출판연구소, 〈2019년 국민 독서실태 조사〉(문화체육관광부, 2019)

35) 100만 명 이상의 동의를 얻은 국민청원 중에는 자유한국당 해산 청원(183만 명),
문재인 대통령 탄핵 청원(147만 명) 등이 있다.

36) 정원옥, 「전자출판물과 도서정가제에 대한 잘못된 정보 바로잡기」, 〈webdaily〉
2020. 9. 11.
https://news.webdaily.co.kr/view.php?ud=202009111109372387b682
bb492_7

37) 2017년 국제 도서 빈도 조사

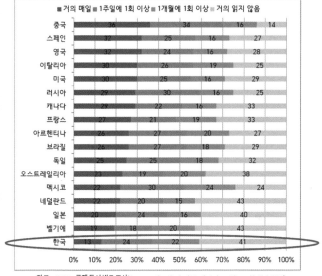

자료 : Statista, 국제 독서 빈도 조사(Frequency of reading books in selected countries worldwide in 2017)

한국출판인회의 회원사 목록

가교출판
가디언
가람문학사
가원
가치창조
갈대상자,찰리북
갈라북스
갈라파고스
갑진미디어
강
개마고원
개미
거름
거북이북스
경당
경문사
경세원
경찰공제회
계백
고구려
고래실
고래이야기
고려문화사
고요아침
고원
골근
공앤박 주식회사
광문각
교보문고
교유당
국민서관
국민출판사
국일출판사
굿모닝미디어
굿인포메이션

궁리출판
규장
그린북
그린비출판사
그림책공작소
그책
글담출판사
글로세움
글수레
글항아리
금토
기탄교육
길
길벗
길벗어린이
김영사
깊은솔
까치글방
꿈꾸는돌
꿈이있는집
꿈틀
끌리는책
나남출판
나라원
나무를심는사람들
나무생각
나무옆의자
난다
남해의봄날
내인생의책
넥서스
노루궁뎅이
논장
누림
느린걸음
느림보
다락방
다락원
다른
다른세상
다른우리

다리미디어
다산북스
다산출판사
다섯수레
다우출판
다크호스
다할미디어
달출판사
당대
대성
대청미디어
더난콘텐츠그룹
더블북코리아
더숲
도솔
돌베개
동국대학교출판부
동녘
동도원
동명사
동서문화사
동아시아
동아엠앤비
동양북스
동연
동인(A)
동인(B)
동쪽나라
두드림
두리미디어
두사람
둘출판사
들꽃
들녘
등대출판사
디앤씨미디어
디자인하우스
따비
또하나의문화
뜨인돌출판주식회사
라의눈주식회사

럭스미디어
로도스출판사
리북(Lee Book)
리수
리스컴
리잼
마리북스
마음산책
마음의숲
마티
맘그린
맥스교육
메디치미디어
메이븐
멘토프레스
명문당
명지사
모티브북
목선재
문예출판사
문이당출판사
문학과지성사
문학관
문학동네
물병자리
물푸레
미다스북스
미담북스
미래엔
미래엠앤비
미래의창
미진사
민음사
민족사
밀알출판사
바다출판사
바람의아이들
바른사
바움출판사
바이북스
박영사

반니
밝은미래
백도씨
백산서당
범우
법문사
보고사
보리
보림출판사
봄들출판사
봄봄출판사
봄풀출판
부광출판사
부키
북극곰
북드라망
북로그컴퍼니
북마크
북새통
북스토리
북스피어
북이십일
북포스
북하우스
브렌즈
비아북
비알미디어 주식회사
비전B&P
비즈니스북스
빈빈책방
빛샘미디어
뿌리와이파리
사계절출판사
사람in
사람과사람
사랑의학교
사월의책
사회평론
산수야
산지니
산처럼

산하
살림출판사
살림터
삼성출판사
삼양교육
삼인
삼호ETM
삼호뮤직
상상스쿨
상상예찬
새로운사람들
새물결
새움출판사
새터
샘터사
생각의나무
생각의날개
생각정원
생활지혜사
서교출판사
서돌
서지원
서해문집
석정
세계사
세상모든책
세종서적
센시오
소동
소명출판
소미미디어
소원나무
소통
손안의책
솔
솔라피데
수경출판사
수문
수오서재
수희재
순정아이북스

숲	에스알엠	이가서
스마트북스	에이케이커뮤니케이션즈	이다북스
스푼북	에코리브르	이랑
슬로디미디어그룹	에코의서재	이레
승산	에프엔미디어	이레미디어
시가있는마을	엔이능률	이봄
시간여행	여성신문사	이산
시공사	여운	이상미디어
시그마북스	여원미디어한국가드너	이아소
시대의창	역사공간	이은콘텐츠 주식회사
시아컨텐츠그룹	역사비평사	이음
시유시	연금술사	이지스퍼블리싱
실천문학	열린책들	이채
심플라이프	열림원	이콘출판
심화북스	열음사	이퍼블릭코리아
싸이프레스	열화당	이학사
쌤앤파커스	영림카디널	인디북
써네스트	영진닷컴	일송미디어
씨드북	영진미디어	일송북
씨앗을뿌리는사람	예가	일신사
씨앤에이에듀	예림기획	자연과인문
씨앤톡	예림당	자유아카데미
씽크스마트	예문	자유지성사
아고라	예원미디어	작가정신
아라크네	예전사	전나무숲
아름다운사람들	오늘	전통문화연구회
아리샘	오늘의책	정민미디어
아모르문디	올림	정보문화사
아이필드	와우	정신세계사
아작	우리교육	정은출판
아침나라	우리글	정한책방
아카넷	우리학교	종문화사
아트북스	움직이는서재(구 명진출판)	종합출판
안그라픽스	웹액츄얼리코리아	좋은글
알마	위즈덤하우스	좋은엄마
애플트리태일즈	위즈앤비즈	좋은책신사고
양문	윌북	주류성출판사
양철북	유림	주변인의길, 새론북스
어크로스출판그룹 주식회사	유토피아	중명
얼과알	은행나무출판사	중심
에디터(유)	을유문화사	중앙북스

지경사	케포이북스	한국슈바이처
지노	크레파스북	한길사
지성사	큰나	한림출판사
지식산업사	큰나무	한문화멀티미디어
지오북(GEOBOOK)	클라우드나인	한빛미디어
지원미디어	키출판사	한솔교육
지원북클럽	태동출판사	한솔수북
지호	태학사	한스컨텐츠주식회사
징검다리	토네이도미디어그룹	한양출판
차이나하우스	토토북	한울엠플러스주식회사
창비	통나무	한즈미디어
창의와탐구	틔움출판	한티재
창작시대사	파란미디어	해냄출판사
창조문화	파란하늘	해바라기
창해	파피에출판사	행복한상상
책갈피	팜파스	행복한집
책과길	퍼시픽북스	행성비
책과상상	페이퍼로드	현대문학
책과콩나무	평단문화사	현대미디어
책과함께	평민사	현암사
책세상	포레스트북스	현재와미래
책속물고기	푸르메	혜원출판사
책이있는마을	푸른길	혜지원출판사
책읽는곰	푸른나무	혜화당
책읽는귀족	푸른솔	홀리데이북스
천재교육	푸른숲	홍성사
철수와영희	푸른역사	홍익출판사
청년사	푸른책들	화니북스
청년정신	풀빛	환경과조경
청림출판	프리미엄북스	황매
청솔	필맥	효리원
청아출판사	하남출판사	효형출판
청양	하늘연못	휴머니스트출판그룹
청어람M&B	하루재클럽	휴먼큐브
청어람미디어	학고재 주식회사	흐름출판 주식회사
초당	학민사	흙마당
초록개구리	한가람기획	CH기획
카시오페아출판사	한겨레출판	CUP
카오스	한결미디어	Drive-test
커뮤니케이션북스	한국기독학생회출판부	MNK
컬처룩	한국물가정보	21세기사